# 地域づくりのプラットフォーム

**つながりをつくり、創発をうむ仕組みづくり**

飯盛義徳

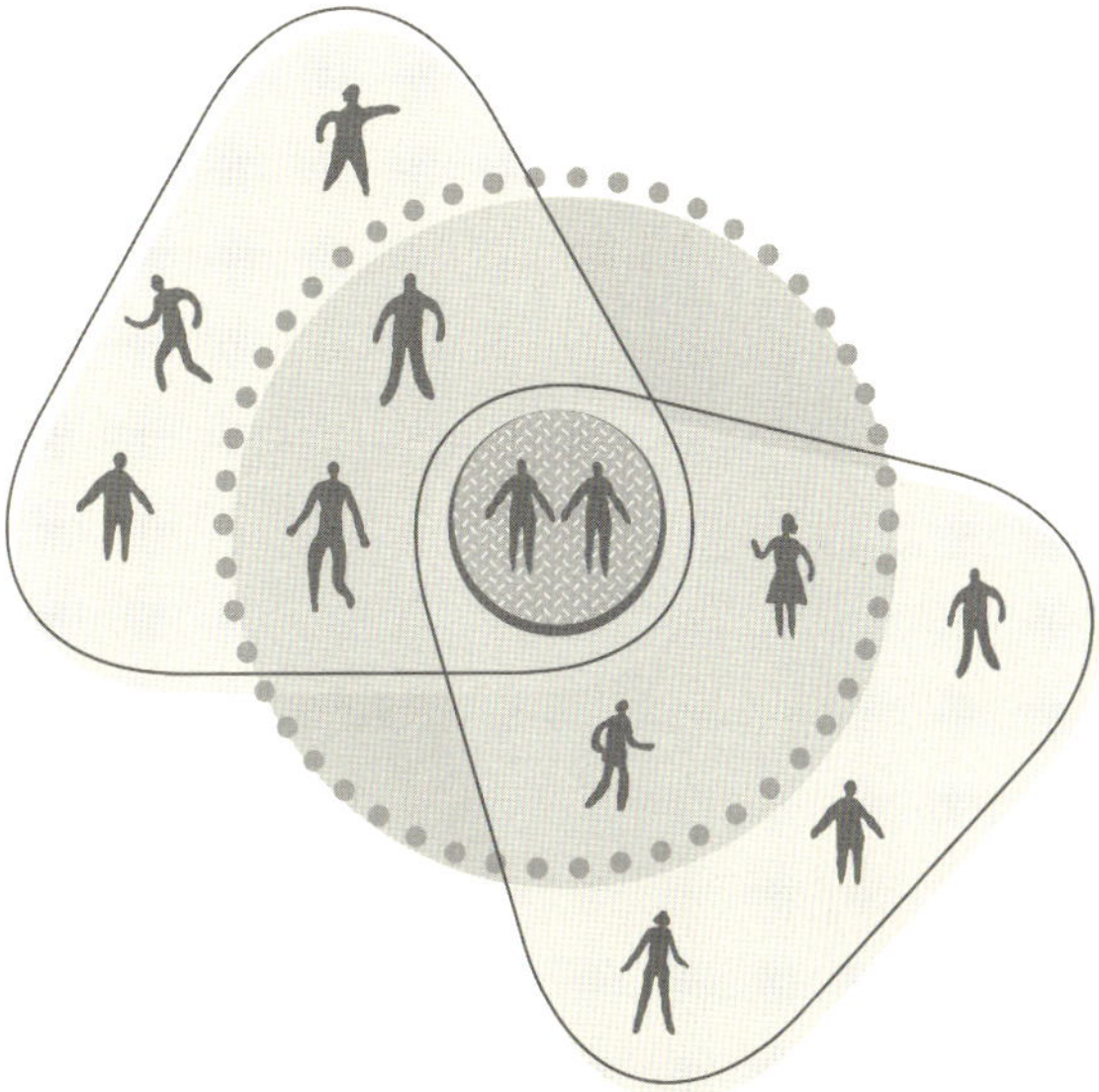

学芸出版社

# はじめに

「命令や強制をしないことです」。

各地で活躍している地域づくりのリーダーたちが集うあるパネルディスカッションでのこと。コーディネータを務める私が、地域づくりの秘訣について問うたところ、壇上のリーダーたちは口々にこうこたえた。そのとき、私は、確か、

「でも、何もしないと、何も起こらないのではないですか」

と返したと思う。それに対して、リーダーたちはこうこたえた。

「確かにそうかもしれませんが、命令したり強制したりすると、参加者が自分たちでやっているんだという気持ちを削《そ》ぐことになります。これは、長期的にはマイナスです」。

今になって振り返ってみると、この言葉の真意はよくわかるようになった。地域づくりにおいて千金の重みをもつ至言だ。これは、地域づくりのマネジメントスタイルが、トップダウン型から、インターネットのコンセプトでもある自律・分散・協調型に移行しつつあるのではないか。つまり、今までのように、有能なリーダーが強力に地域を引っ張っていくというやり方だけでなく、地域の多彩な人たちの力を引き出して、交流や対話をしながら地域の

課題解決を果たしていくというスタイルが生まれつつあるのではないか。そのような思いを持ちながら、各地の地域づくりの現場に密着して、時には私たちで実践した内容をまとめたものが本書である。

地域づくりとは何だろうか。私は、地域の課題解決を行う具体的な活動だと考えている。産業活性化、観光振興、コミュニティ再生や教育、移住交流促進などの多様な分野があるし、活動主体も、自治体、ＮＰＯ、企業、地域の人々などさまざま。私は、その目指すべきゴールは、地域の人々がそれぞれの状況に応じて主体的に考えていくべきことだと思う。

ただ、いずれの場合にしても基本となる大切なポイントは、いろいろな人々が相集い、相互作用によって、予期もしないような活動や価値を次々と生みだしていくこと（本書では、これを「**社会的創発**（social emergence）」とよぶ）ではないだろうか。このような状態をつくりだすコミュニケーション基盤となる道具や仕組みなどのことを本書では「**プラットフォーム**（platform）」（後に詳述）とよぶ。これから、プラットフォームという概念は、地域づくりを実践する上での重要なキーワードになると信じている。

地域づくりは、効果的プラットフォームをいかに設計するかにかかっているといっても過言ではない。では、具体的にどのようにすればいいのだろうか。これは、なかなか難しいテーマであり、一朝一夕には唯一無二の正解というものを示しにくいのが現状だ。ただ、留意すべきポイントについては、ここ十数年間の実践やフィールドワーク、理論研究で明らかになりつつある。

そこで、本書では、プラットフォームの視点を中核に据えて、地域の多様な人々が参加し、相互作用によって、新しい活動や価値を生み出しているいろいろな取り組みを紹介しながら、プラットフォーム設計のための、実践に役立つヒントをお伝えすることを主眼とする。また、地域づくりは人づくりとよくいわれる。プラットフォームを設計する人（本書では「プラットフォーム・アーキテクト（platform architect）」とよぶ）をいかに育成するかも問われる。まだ試行錯誤の段階ではあるが、このような人をいかに育むかについても検討したい。

まず、第1章では、地域づくりの基本となる視点の一つである、地域の資源化プロセスについて事例をもとに説明する。資源化プロセスとは、資源があるとかないとかだけに拘泥するのではなく、あるものを「資源にしていく」という積極的な姿勢をいう。ここでは、高知県黒潮町のNPO砂浜美術館が主催するTシャツアート展、佐賀市の佐賀インターナショナルバルーンフェスタ、高知県南国市のごめんシャモ研究会の取り組みを取り上げ、資源化プロセスの流れについてわかりやすく説明する。

第2章では、この資源化プロセスをうまく機能させる上で大切な、プラットフォームの概念について整理を行う。資源化プロセスにおいて最も重要な要素は、人や組織とのつながり形成である。プラットフォームは、まさに、その基盤となるものだ。そこで、私が理事長を務めるNPO法人鳳雛塾《ほうすうじゅく》（以下、鳳雛塾）の事例を紹介しながら、プラットフォームにおけるつながり形成、その結果もたらされる社会的創発のメカニズムについて提示する。

鳳雛塾は、一九九九年に私が佐賀市で立ち上げた起業家育成スクールである。地元の企業を題材とした事例教材（ケース教材）を独自に開発し、自分が主人公だったらどのような意思決定、行動をとるかということを徹底的に考え、全員で議論する授業形式（ケースメソッド）を取り入れている。もともとは、社会人、大学生を対象とした講座のみを運営していたが、二〇〇二年からは小学生対象の事業が立ち上がり、二〇〇四年から佐賀市以外でも開講されている。さらに、塾生が中心となって、複数の非営利組織が立ち上がったり、食を通じた地域づくりのプロジェクトなども生まれたりしている。このように、鳳雛塾では、次々と新しい事業が生まれる、つまり社会的創発がもたらされているプラットフォームが形成されているると見なすことができるだろう。

第3章において、効果的プラットフォームを設計する際の大切なキーワードである、境界(boundary)、資源持ち寄りについて事例をもとに説明する。

境界については、文化人類学や建築の分野に優れた知見がある。これらを参考にしつつ、人や組織における、信頼が形成される強いつながりと新しい情報や知識がもたらされる弱いつながりがうまく結合されるための境界設計のあり方について議論したい。ここでは、次々と新しい活動が生まれている、慶應義塾大学が主催する三田の家・芝の家、北海道岩見沢市のJR岩見沢駅の事例をもとに、主として空間的な観点から分析を行い、なぜプラットフォーム設計において境界に着目すべきかについて説明する。

さらに、長年に渡る実践、徹底的なフィールドワークによって、資源持ち寄りによって設計されているプラットフォームには数々のメリットがあることがわかってきた。上述の鳳雛塾での事例を再度検討しつつ、資源持ち寄り方式で運営されていて成果をあげている、三重県多気町の農家レストラン「せいわの里 まめや」についても運営やその成果を報告し、資源持ち寄りの可能性について議論する。

第4章では、地域と大学が連携して問題解決のための実践を行う「研究プロジェクト」について、私たちの取り組みを紹介しつつ、地域づくりにおける大学の役割や可能性について検討する。そして、プラットフォーム設計の観点から、効果的な地域と大学との連携を実現するための方策について洞察する。

第5章では、今までの議論をまとめて、地域づくりにおける大切なポイントについて再度提示し、今後の方向性について議論する。また、プラットフォームを設計する人づくりのポイントについても検討する。特に、試行錯誤の段階ながら、レクチャー、ケースメソッド、ワークショップ、フィールドワーク、プロジェクト実践などを融合する学びの方法を紹介する。

さらに、大学の授業で利用しているケース教材（みやじ豚）も付録として全文を掲載している。授業の一端を理解いただければと願っている。

福澤諭吉は、『学問のすゝめ』で、「学問はただ読書の一科に非ずとのことは、すでに人の知るところなれば今これを論弁するに及ばず。学問の要は活用に在るのみ。活用なき学問は無学に等し」（十二編）と論じている。

本書では、地域の人々とともに実践した問題解決プロジェクトや徹底したフィールドワークを通して、具体的にどうすればよいのかに少しでもこたえられるヒントが得られるように配慮している。取り上げた事例の多くは、民間主導のものであり、経済効果を求めるような取り組みではないものの、全て、自治体との緊密な連携で成果をあげている活動ばかりだ。その意味では、地域における多様な主体の協働のお手本といっていいかもしれない。本書が、地域づくりに日夜奮闘されている方々の何かの活用に資することができれば望外の幸せである。

飯盛義徳

目次

## 第3章 プラットフォーム設計のポイント 63



## 第4章 地域・大学連携とプラットフォーム 93

第5章
# 次のステージにむけて



■付属資料（ケース教材）

慶應義塾大学湘南藤沢キャンパス
みやじ豚――食のブランド戦略とネットワークづくり

# 本書で紹介する地域（プロジェクトなど）

# 第1章

# 地域の資源化プロセス

（提供：NPO 法人砂浜美術館）

最近、「地域資源」という言葉をよく耳にするようになった。地域にはさまざまな資源があり、うまく展開することで道は開ける。ただ、地域資源を見出して、インターネットなどのメディアで発信していくだけでは成功はおぼつかない。ここでは、まず、地域資源を展開する上で考慮すべき、「資源化プロセス」について説明したい。

## 1　資源化プロセスとは[注1]

地域づくりとは、前述のように、地域のさまざまな課題解決を行う具体的な活動をいう。その結果、地域力が高まるように配慮しなければならない。地域づくり、特に産業や観光振興などの分野における「銀の弾丸（silver bullet）」となるのは、「地域資源」と「つながり」であろう。

地域は境界が曖昧であり、多様な人々が集うゆえに、資源の認識も多義的という特性がある。[注2] 例えば、地域の資源には、ヒト（地域で生活したり働いたりしている人）、モノ（史跡、自然、風景など）、カネ（資金、収入など）、情報（歴史、文化、ブランド、ストーリーなど）がある。

地域づくりを成功に導くには、まず、さまざまな人と人とのつながりを形成しながら、①地域資源の発見・再認識、②地域の人たちとの意味づけや価値観の共有、③資源の戦略的展開、という「**資源化プロセス**」を打ち立て、次々と何らかの新しい価値や活動を生み出すことが肝要だ。このように、当初は予期もしなかったような新しい活動や価値が次々と生まれることを本書では、「**社会的創発**」(social emergence)とよぶ(図表1)。

つまり、資源があるとかないとかではなく、「資源にしていく」という姿勢が問われるのだ。

ここで資源化プロセスの概要を説明しよう。①まず、地域資源は何があるのか、その再認識が必要である。このフェーズでは、よそ者の視点が役立つことが多い。今まで気づいてもいなかった資源を見いだすこともある。

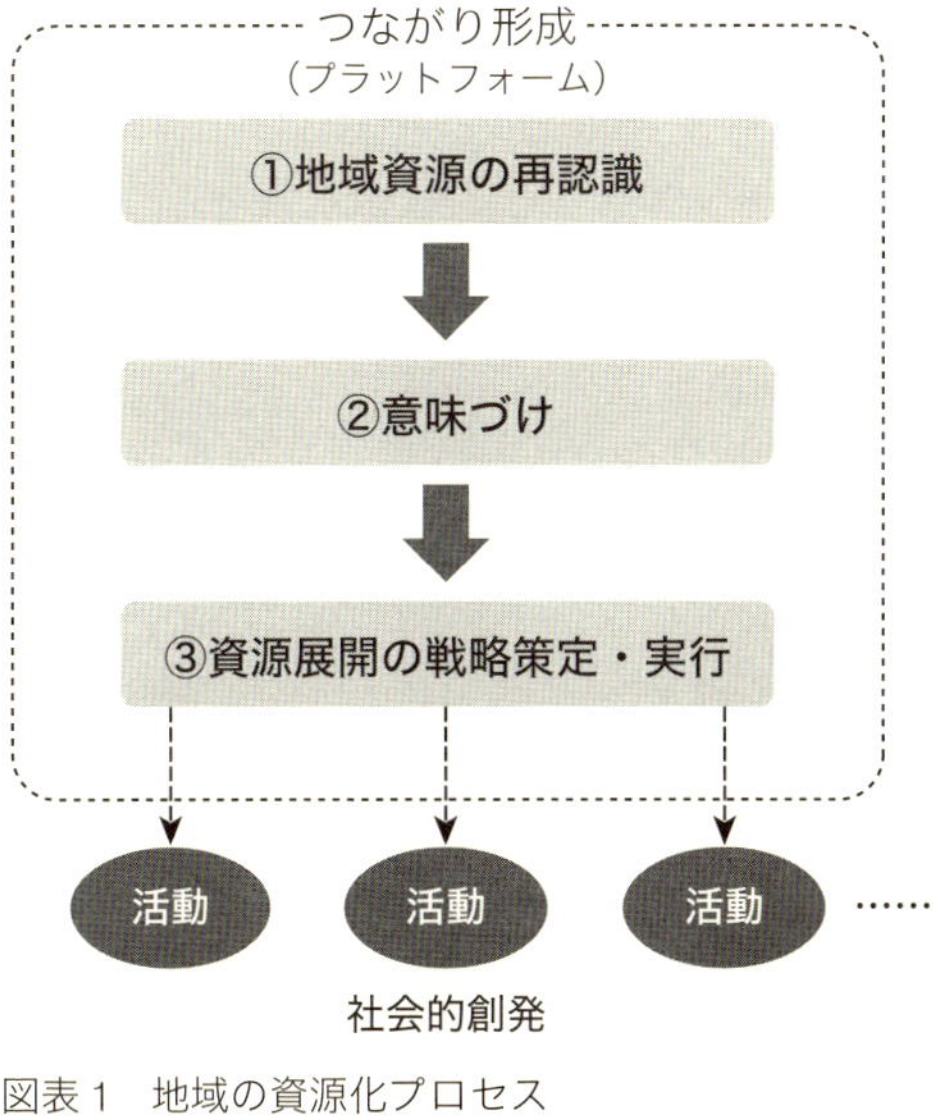


図表1　地域の資源化プロセス

②地域内外の人々の意味づけのフェーズは、意外と見落としがちであるが極めて重要であり、地域づくりの大事な基盤となる。地域づくりは一人ではできず、多くの人々の協働が不可欠。また、いい資源があっても、盛り上げていこうという気運が醸成できなければ地域づくりは尻すぼみになる。

③資源展開の戦略策定、実行のフェーズでは、ユニークさ、希少性などをベースにいかにして優位性を際だたせるかがポイントだ。ICTの利活用も大切な施策の一つとなるだろう。

これらのフェーズは、必ずしも①→②→③という順番で進行するとは限らない。例えば、地域づくりの活動を立ち上げたら、たまたまメディアに取り上げられて、地域内外の人々に注目され、資源の再認識につながることもあるだろう。ただ、これらの全てのフェーズが整わないと資源化はおぼつかないと考えている。

「うちの地域には何もない」。各地に赴くと、このようなことばを耳にすることがある。しかし、「何もない」とあきらめるのではなく、弱みと思われていたことを逆手にとって資源化している地域もある。以下に、元気のでるような取り組みをいくつか紹介し、資源化プロセスを検討してみよう。

## 2　資源化の取り組み

### NPO法人砂浜美術館（高知県黒潮町）

高知県黒潮町は、高知県の南西地域の海岸部に位置し、旧・大方町、旧・佐賀町の合併によって二〇〇六年に誕生した。二〇一三年度の人口は約一万二千人。園芸や花卉《かき》、水稲、シメジやエリンギの栽培、土佐カツオ一本釣り漁業などの農水産業が盛んだ。

この黒潮町のNPO法人砂浜美術館[注3]が主催する「Tシャツアート展」は、地域資源の再認識を考える上で参考になる取り組みの一つだろう。二〇一四年度で第二六回を数える伝統を誇るTシャツアート展は、写真やデザインなどを全国から募り、それをプリントしたオリジナルTシャツを、五月のゴールデンウィーク時、美しい砂浜に洗濯物のように展示するイベントである。

毎年三千人以上が応募し、期間中、約一万人の観光客が黒潮町を訪れる。展示期間が終わると、潮風の香りや砂がついたままのTシャツが応募者全員に送り届けられる。そのとき、地元の大方高校の生徒たちの手書きのメッセージカードが添えられ、あたたかい気持ちになる。私も以前応募し、戻ってきたTシャツとメッセージカードを眺めていると、青い空と広

Tシャツアート展
白い海岸に洗濯物のようにTシャツが展示される（提供：NPO法人砂浜美術館）

大な海、白い砂浜のはっきりとしたコントラストの広がる風景や打ち寄せるさざ波の音が聞こえてくるようだったことを思い出す。

「私たちの町には、美術館がありません。美しい砂浜が美術館です」。これが砂浜美術館のコンセプトだ。建物はない。あるのは美しい砂浜だけ。一見何もないように思えるが、来訪者はたくさんの色とりどりの作品に出会い、感動する。濃緑の松原、砂浜をピンク色に彩るらっきょうの花、産卵に訪れるウミガメ、ノスタルジーを感じさせる漂流物、押し寄せる波の音、潮の香り、砂浜に残る風紋《ふうもん》など、これら全てがNPO法人砂浜美術館の作品、展示物なのである。つまり、地域の人々にとっては「何もない」と思われていた砂浜という従来からの資源を見直し、再認識し、存分にいかした事例がTシャツアート展なのだ。

NPO法人砂浜美術館の誕生は、一九八九年にさかのぼる。当時は、バブル経済の絶頂期。地域にとって本当に大切なものは何か、都会にはない地域の個性をいかすことができないか、大方町役場（当時）の畦地和也氏は多くの人々と議論を重ねた。そのころに出会ったのが、高知市で活躍するデザイナーの梅原真氏だ。畦地氏と梅原氏は、これからの地域づくりのあり方について意気投合し、役場の職員、地域の会社員など九名が集まって「さざなみ会」（のちに「砂美人連《さみっとれん》」に改名）を設立。彼らが中核となって実行委員会形式で砂浜美術館が運営されるようになり、二〇〇三年にNPO法人化された。Tシャツアート展の誕生は、梅原氏の知人である東京在住のカメラマン・北出博基氏の、自分で撮影した写真をTシャツにプリントして砂浜で展示したいというアイデアがきっかけとなった。これを梅原氏が聞きつけ、Tシャツアート展が生まれたのだ。

Tシャツアート展の運営にはたくさんのボランティアメンバーが携わっている。遠くは東京や神奈川などから若い人々が参加する。ボランティアメンバーの食事や宿泊は、地元の蜷川地区の人々がお世話をしている。また、地元の大方高校も学校をあげて運営に参加している。

このように、何もないと思われていた砂浜もよそ者の視点によって資源となり（①地域資源の発見・再認識）、地域の人々、梅原氏、ボランティアメンバーなど地域内外のさまざまな人々のつながりを形成し、砂浜の大切さ、美しさを共有するようになった（②意味づけや価値観の共有）。そして、マスコミや口コミで高知県内外に活動が紹介されていき、応募者、参加者が増大した（③資源の戦略的展開）。

Tシャツアート展は、二〇〇九年、モンゴルやハワイなどでも開催され、本家の活動にはますます注目が集まっている。現在では、黒潮町のケーブルテレビの自主放送、「すなびてんぽ」というWebショップ、「sunabi旅行」などの新しい事業が始まった（社会的創発）。まさに、よそ者の視点が基点となった資源化プロセスの好例ともいえるだろう。

## 佐賀インターナショナルバルーンフェスタ（佐賀県佐賀市）

一九八〇年に始まった「佐賀インターナショナルバルーンフェスタ」[注4]も資源化プロセスを検討する上で面白い取り組みといっていい。

佐賀市は、佐賀県の県庁所在地であり、南は有明海に面し、北は福岡県と接する脊振山地に至る。

二〇〇五年と二〇〇七年の周辺町村との合併によって市域面積は約四倍に拡大した。人口は約二四万人。市街地は、海抜が低く平坦な佐賀平野の中心にあたる。市内には、中小河川や農業・生活用水のためのクリーク（水路）が縦横に整備されていて、夏は市内中心街付近でも小川で遊ぶ子どもたちの元気な声が響き渡る。水が豊かな地域だ。

佐賀インターナショナルバルーンフェスタは、佐賀市内を流れる嘉瀬川河川敷で一九八〇年から開催されている。もともとは、一九七八年、福岡県甘木市で開かれた「バルーンフェスタin九州」というバルーンミーティングが端緒であった。一九八〇年から、会場を佐賀市嘉瀬川河川敷に会場を移した。これが佐賀市での第一回目のバルーンフェスタとなる。当時、一四機のバルーンが参加し、約三万人の来場者があったといわれている[注5]。

現在では、佐賀市の最も重要な観光イベントの一つに成長した。世界中から百機以上のバルーンが参加し、五日間の期間中、約八〇万人をこえる来場者が集まる。この間だけ、会場の嘉瀬川河川敷には、臨時のJR九州バルーン佐賀駅が開設される。

鮮やかな赤や黄色など色とりどりのバルーンがゆっくりと青空に飛び立つ様を眺めていると、なぜか幼い頃を想い起こす。気候が穏やかで、高い建造物がなく、広大な佐賀平野が見渡す限り続いている。このような「何でんなか」と揶揄されていた地だからこそ世界的なイベントが開催できているのだ。

立ち上げ時から、この佐賀インターナショナルバルーンフェスタを率いているのは、現在も組織委員会会長を務める水町博史氏。水町氏は、大学に探検部を立ち上げ、その仲間たちに誘われて第一回大会に参加した。翌一九八一年に佐賀県初のバルーンクラブ「かちがらす」を結成。一九八二年、佐賀県第一号のパイロットとなった。

水町氏を中心としてごくわずかのメンバーでスタートした佐賀市でのバルーンフェスタ。一九八三年の大会では、約一〇万人の観客が集まるようになった。一九八四年には、海外からも一〇機のバルーンが参加し、熱気球太平洋選手権が開催され、第一回熱気球日本選手権も実施された。そして、一九八九年、アジアで初めて世界選手権が開催され、二五カ国から一三二機のバルーンが参加し、どんどん参加者、来場者が増えていった。

佐賀インターナショナルバルーンフェスタの大会運営には、ユニークな特徴がある。自治体と協賛企業からの支援はあるものの、運営本部役員などの組織委員会はボランティア。あ

佐賀インターナショナルバルーンフェスタ
これから飛び立とうとするところ
（提供：Saga International Balloon Fiesta Organization（SIBFO））

わせて、場内放送、通訳、案内や会場清掃、海外チームのホームステイの受け入れなども、延べ二千名をこえるボランティアで運営されている。この方法は、設立当初から変わらない。実は、私もボランティアとして参加したことがある。これほどまで参加者が集まるイベントの運営に参加できたことに誇りを感じ、それが地域への愛着につながり、多くの仲間もできた。

佐賀インターナショナルバルーンフェスタの期間中は、バルーン競技だけではなく、数々のショーや特産物を堪能できる「うまかもん市場」、中心商店街でのイベントなども開催。期間中は、佐賀市の広い空だけでなく、会場から中心商店街まで、バルーン一色に染まる。

Tシャツアート展と同じように、何もないと思われていた、広大、平坦な平野が資源となり、地域の人々、ボランティアなど内外の多彩な人々のつながりを形成し、佐賀市の魅力を共有するようになった。そして、マスコミや口コミ、インターネットなどで活動が紹介されていくようになり、JR九州や協賛企業などからの支援も増え、世界的な大会に成長した。バルーンは、佐賀市のシンボルにもなり、商店街の名称に利用されたり、数々のイベントにもつながったりしている。

佐賀インターナショナルバルーンフェスタ
青空に一斉にゆっくりと飛び立つカラフルなバルーンは見ているだけでも和む（提供：Saga International Balloon Fiesta Organization（SIBFO））

## 企業組合ごめんシャモ研究会（高知県南国市）

高知県南国市の「企業組合ごめんシャモ研究会」（以下、ごめんシャモ研究会[注6]）も資源化を考える上でユニークな活動だ。

南国市は、高知市の東に隣接し、人口は二〇一四年三月時点で約四万八千人。高知龍馬空港は南国市にあり、市内には、土讃線、土佐電鉄、土佐くろしお鉄道が走っており、高知自動車道などの道路が交差する交通の要衝である。市役所、商業施設などがある中心地が後免《ごめん》町であり、ここにごめんシャモ研究会の拠点がある。

二〇〇八年、南国市を面白く元気にしたいという想いを持った立花智幸氏（現・代表理事）が音頭をとり、有志六名が集まり、地域のいいところを見つめ直した。その結果、坂本龍馬ゆかりの地である才谷《さいだに》地区では、以前、龍馬祭というお祭りが開催されていてシャモ鍋が振る舞われていたことを突き止めた。南国市は多品種多品目の野菜が収穫される高知県でも屈指の産地。そこで、二〇〇九年六月、名産の野菜をふんだんに使ったシャモ鍋で地域づくりを目指そうと、ごめんシャモ研究会が立ち上がった。

しかし、当時、肝心のシャモは売り買いがなされておらず、入手が難しかった。そこで、南国市役所に相談したところ、高知県畜産試験場の協力を得ることができ、七〇羽のシャモを譲り受けることになった。シャモは、飼育期間が鶏の約三倍かかり、卵も春と秋しか産ま

放し飼いのシャモ飼育の様子
農家の庭先に放し飼いにされているシャモは元気に動き回る
(ごめんシャモ研究会の協力のもと撮影)

ず、生産性が悪いため、飼育しているところは全国的にも数少なかった。彼らには、そこがチャンスと映った。当時はシャモを飼育する場所や人のあては全くなかったが、ある農家が、ごめんシャモ研究会メンバーの地域づくりへの熱意に絆《ほだ》され飼育を引受けてくれてスタートしたのだ。ここでは、南国市ならではの味を目指すため、シャモをできる限り放し飼いにしている。

農家の人々へのお願いに奔走していくうちに、いろいろな地域の人々とのつながりが生まれ、シャモでまちづくりをしようという気運も醸成されてきた。二〇一〇年一月、埼玉県和光市で開催された鍋の全国大会「第六回彩の国全国鍋合戦」に初エントリーしたところ幸運にも優勝し、これが県内外の耳目を集め、共感を生むきっかけになった。

飼育が大変なシャモだからこそ、希少価値が生まれた。そして、高知農業高等学校の協力を得て、シャモが百羽誕生。二〇一〇年、飲食店一〇店で「ごめんシャモ鍋社中」を結成し、二〇一三年度では一七店舗が加盟するまでになった。坂本龍馬よろしく、「野菜は南国市産の野菜を必ず一品は使うこと」「鍋以外にもシャモを使ったメニューを作ること」などの統一ルールを社中八策として定め、シャモは南国市の大切な観光資源の一つとしてまさに成長しようとしているところだ。

委託農家も徐々に増えてきたものの、羽数の増加に伴い、飼育方法を統一し、肉質を均一化することが重要な課題となってきた。そこで、二〇一二年四月には企業組合化し、専任スタッフを配置し、高知県畜産試験場のアドバイスや高知県立農業高校の協力を得て、自分たちでもシャモを飼育するようになった。その結果、二〇一三年には二千羽を飼育できるようになった。

二〇一一年には、高知県の産業振興計画の地域アクションプランに取り入れられ、助成金を活用してシャモ鍋セットを商品化。また、市内の小学校では、全て市内の食材による給食の日が定められ、シャモ肉が使われることになった。

小学校での出前授業の様子
子どもたちに地元のシャモについて授業を行い、地域資源を紹介する
(提供：ごめんシャモ研究会)

シャモの出前授業も行われ、子どもたちに誇れる地域づくりを目指して邁進している。

ごめんシャモ研究会の活動は着実に地域に根ざすとともに、高知市や東京でもこのシャモを使った料理を提供する店が増えている。これらの成果が認められ、二〇一三年度、日本青年会議所が主催する「地域活性たからいちin奈良」において、たからいちグランプリ2013最優秀グランプリを受賞した。さらに、「ジャパンフードフェスタ2013」において、第一回地場もん国民大賞銀賞を受賞した。

坂本龍馬という歴史・文化的なストーリーをいかして、もともと地域では飼育されていなかったシャモを資源にして、地元の農家や飲食店、高校、小学校などの多彩な組織や人々のつながりを形成。シャモで地域づくりをしようとする思いを着実に根付かせている。そして、数々の食による地域づくりコンテストへのチャレンジ、受賞という情報発信が地域内外への刺激となって、好循環を形成している。これらの資源化プロセスは、紹介した二つの事例と同じだ。

また、リーダーたちが心から楽しみながら活動を継続しているところも共通。二〇一一年、ごめんシャモ研究会を訪問したとき、立花氏をはじめとするメンバーは皆楽しそうに活動内容を説明してくれた。立花氏の「こんなに楽しいことができて幸せです」と語った屈託のない笑顔は忘れられない。

先の二つの事例と違うのは、まだ四年目の新しい取り組みということ。ただ、シャモを地域、もっと広げて高知県の特産にしよう、地域の誇りを取り戻そうという夢はかたちになりつつある。

## 3　キーワードはつながり

これら三つの事例のポイントは何だろうか。そのキーワードは、地域の人や組織のつながりだ。これらの活動を立ち上げ、運営していくプロセスにおいて地域内外の新しいつながりが生まれ、それがきっかけとなって今までになかったような価値に気がついたり、新しい事業につながったりしている。これこそが、資源化プロセスを展開していく上での最も大切なポイントであり、地域づくりの肝となる。

従来、地域においては、結や講、もやいなどの地縁をベースとした相互扶助、全員一致を原則とする寄り合いによって問題解決をはかってきたといえよう。しかし、近代化、高齢化の進展、それに伴う人口流出などによって地縁や血縁のつながりが薄れて、これらの機能が弱体化しつつある。一方、つながりが強すぎてかえって硬直化してしまう地域もある。昨今では、様々な要因や制度が複雑に絡み合い、自治体にも企業にも対処が難しい問題が地域に立ちはだかっている。

　では、どのようなつながりが大切なのだろうか。本書では、地域づくりにおいては、何らかの新しい活動や価値が次々と生まれることが大切であることは前に述べた。そのような状況をつくりだすにはどうすればよいのだろうか。これは、なかなか難しいテーマであるが、ヒントはつながりの構造にあると考えている。

　社会学系のネットワーク論においては、強いつながりと弱いつながりのそれぞれの特性が議論されてきた。強い、弱いの基準は、コミュニケーションの頻度や長さだと考えてもらいたい。毎日のように会って何らかのコミュニケーションをしているような人とは強いつながりでつながれているといえるだろう。一方、小さいころの友だちで不定期に年に数回しか連絡を取らないような人は弱いつながりの範疇にいれていいだろう。

　一般的にいうと、強いつながりは、信頼が醸成されやすく同質的な情報の深い共有に有利だといわれている。弱いつながりは、今までにない異質な情報がもたらされる可能性があると説明されている[注7]。

　これらの議論から推察すると、人々の相互作用から次々と新しい事業を生み出す、すなわち社会的創発をもたらすには、強いつながりと弱いつながりがうまく結合した構造になっていることが必要だと示唆されるのだ。なぜかというと、新しい活動や価値を生み出すには、信頼のおけるつながり、異質な知や情報が入ってくるつながりの両方が必要だからだ。

例えば、いつも一緒に行動する数名の仲良しグループがあるとしよう。このグループのメンバーは強いつながりで構成されているといえる。そこは家族のように居心地がよく、気を遣う必要もなく、財布を預けることさえできるような関係性だ。いつも一緒にいるから気心が知れていて、信頼関係が醸成されているからこそであろう。ただ、このようなグループ内からは、新しいことが次々と生まれるかというとそうではないことが多いだろう。一方、今まであまりコミュニケーションをしたことがない人たちとの間でもすぐにコラボレーションが生まれ、新しいことが次々と起こるかというと、それもイメージがわきにくい。

地域におきかえてみよう。例えば、数代前からお互いよく知っている家々の集落があるとしよう。そこでは、鍵をかけなくても外出できるほどつながりは緊密で安心だろう。しかし、そのような地域では、常に新しいことが次々と起こることは少ないと思われる。一方、人々のつながりがほとんど形成されていない都会の郊外にある新興住宅街でも新しいことが次々と起こるとは考えにくい。そのような地域では、お祭りでさえ、人が集まらないこともあると聞いたことがある。やはり、信頼のおける人たちとの強いつながりをベースに、新しい知や情報をもたらす人たちとの弱いつながりが効果的に結合しているような構造が大切だ。

紹介した三つの事例でも、コアとなる人々が走り回って、地域内外とのつながりを形成して（つまり、強いつながりと弱いつながりを結合して）、当初は予期もしなかった新しい活動――例えば、Tシャツアート展が各地に広がったり、佐賀インターナショナルバルーンフェスタで数々のイベントが生まれたり、ごめんシャモ研究会で小学校の授業が始まったりなど――が生まれて成果をあげているのだ（図表2）。

では、このような成果をもたらすにはどうすればいいのだろうか。次章以降、プラットフォームの概念を用いながら、その具体策に迫っていこう。

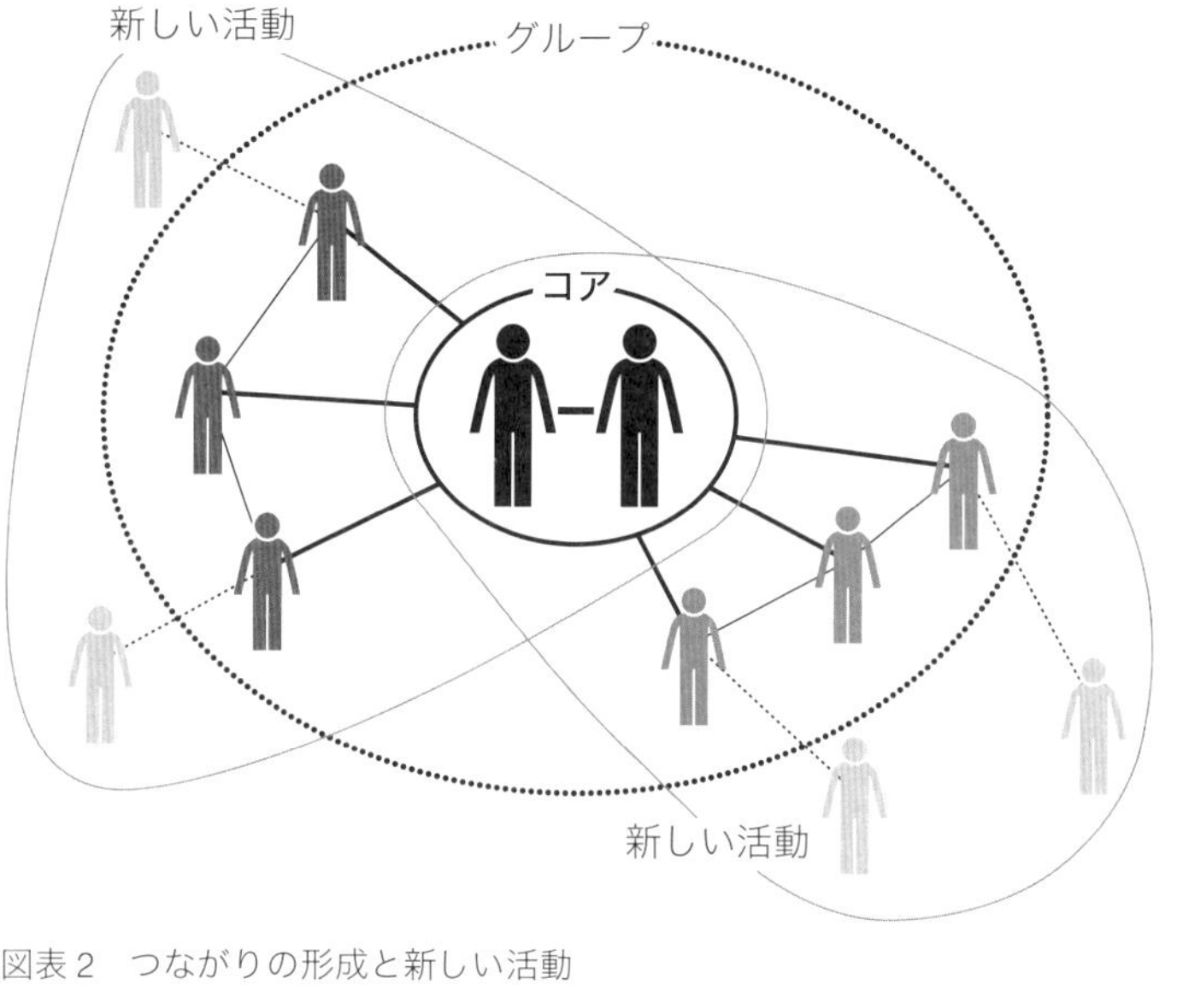


図表2　つながりの形成と新しい活動

# 第2章 地域づくりとプラットフォーム

わかりやすくいうと、人や組織のつながりを形成し、新しい活動や価値を生み出す基盤をプラットフォームとよぶ。地域づくりの成否は、効果的なプラットフォームをいかに設計するかにかかっているといっても過言ではない。ここでは、プラットフォームとは何か、どのような可能性があるのかについて説明したい。

この章では、私が立ち上げ、運営しているＮＰＯ法人鳳雛塾《ほうすう》（以下、鳳雛塾）の取り組みを事例として紹介する。

## 1　プラットフォームの概念

前章では、地域づくりにおいては、資源化プロセスが大切であり、その肝となるのは**地域内外の新しいつながりをつくっていくこと**だと論じた。その基盤となる仕組みや制度などが「プラットフォーム（platform）」だ。本書の文脈で言い換えると、資源化プロセスが展開される基盤といってもいいだろう。

この数年で、プラットフォームということばを耳にすることが多くなった。一般的にプラットフォームと聞くと、駅のホーム（実際、夏目漱石の『三四郎』にも、「プラットフォーム」という言葉が登場する）、インターネットビジネスやソーシャルネットワークサービス（ＳＮＳ）などを思い浮かべる人が多いだろう。自律・分散・協調がキーワードであるインターネット自体、プラットフォームそのものといえる。

ここで、本書で取り扱うプラットフォームの概念について少し検討しよう。國領二郎氏は、プラットフォームの概念について、詳細かつ広範に議論し『創発経営のプラットフォーム』を著した。その中で、社会的文脈にあてはめた上で、プラットフォームを「多様な主体が協働する際に、協働を促進するコミュニケーションの基盤となる道具や仕組み」[注1]とし、プラットフォームが社会を変えうる可能性があることを指摘している。すなわち、トップダウンによる命令・管理・統制という手段ではなく、プラットフォームによって、自律・分散・協調型の社会への転換が実現できる可能性があることを示唆した。そして、その特性は、「つながりの形成」「創発の力」だ。

コミュニティなどとの違いは、プラットフォームは、コミュニケーションの基盤となる道具や仕組みも含まれる概念であり、明らかに設計する対象、人工物であるということだ。また、階層構造をとることも前提としている。

地域においても、多様な人々による主体的な行動、相互作用によって、予期もしなかったような何かの活動をいかに生み出すかが問われる。それゆえに、地域づくりの文脈においても、プラットフォームの概念が有効だ。また、それをいかに実現するかが本書の主題である。

本書では、上述の議論を整理し、地域での文脈を加味した上で、プラットフォームを「多様な主体の協働を促進するコミュニケーションの基盤となる道具や仕組み、空間」と定義する（ここでは、イメージしやすいように、プラットフォームの概念を広義にとらえる）。

ここで、創発（emergence）という概念に着目したい。創発とは、一般的には、あるシステムの、各部分の総和とは異なる性質が現れる現象をいう。本書では、前述のように、社会的文脈を背景として、「人々の相互作用によって、予期しないような活動や事業が生まれること」を社会的創発（social emergence）とよぶ。そのプロセスは、自律した個同士がつながり、相互作用を及ぼしあって、予期せぬアウトカムを得て、また個に影響するというサイクルで示すことができる（図表3）。

このようなサイクルが継続的に回り出すことで、予期せぬアウトカム、すなわち社会的創発が次々ともたらされるようになる。

これは、広義に考えれば、ヘンリー・チェスブロウの提唱した「オープンイノベーション（open innovation）」の概念にも近いといえるかもしれない。オープンイノベーションとは、自分の企業内部のみに拘らず、積極的に社外のアイデアや販売ルートを活用し、内部と外部の資源を結合して、新しい価値を創造するものだ。

このように、プラットフォームは、効果的な設計を行えば、人や組織などの多様な主体の

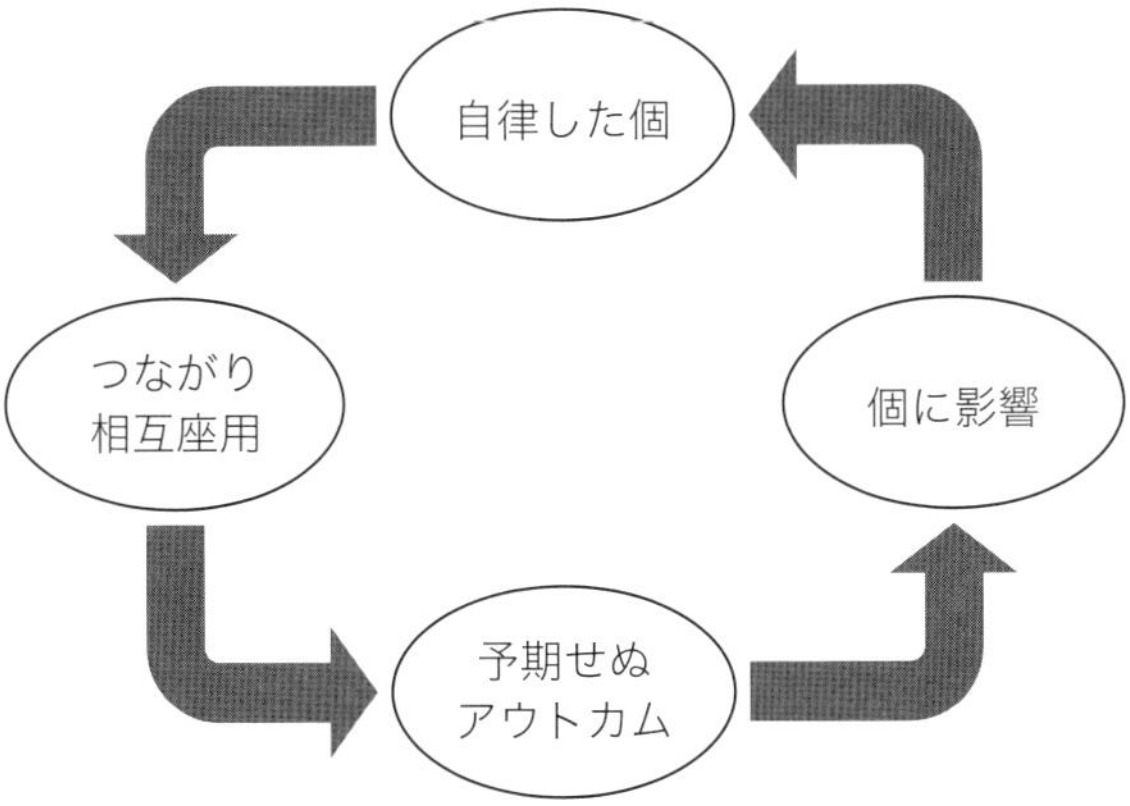


図表3　社会的創発のプロセス（出所：國領（2006）、p. 30）

図表4　プラットフォームと社会的創発（出所：國領（2011）、p. 10）

つながりを形成し、相互作用によって社会的創発をもたらす可能性を秘めているといえよう（図表4）。

それでは、プラットフォームの概念の理解を深めるために、具体的な取り組みを紹介したい。私が一九九九年に立ち上げ、運営に参画している鳳雛塾だ。鳳雛塾は、もともと、社会人を対象として起業家精神を育むために設立された。事例教材（ケース教材）を用いたディスカッション形式の授業（ケースメソッドという）を導入し、自分だったらどうするかを徹底的に議論することで、自分で考えて行動する力を養っている。たくさんの起業家が生まれるとともに、当初は全く想定していなかった小学生や高校生のための事業が立ち上がり、食を題材とした地域づくりのプロジェクトが生まれ、各地にも広がっていった。鳳雛塾は、まさに、本書でいう社会的創発がもたらされるプラットフォームを考える上での参考となる事例といえよう。[注2]

## 2 効果的なプラットフォームのモデル事例[注3]（鳳雛塾）

### 邂逅による誕生

鳳雛塾の設立は、偶然の積み重なりによる産物といっていい。もちろん、問題意識をもって立ち上げたのは間違いないが、小さく始まったことが数々の出会いによって大きな動きになっていった。そのプロセスをまずは紹介したい。

大学院修士課程を修了して、実家である佐賀市の会社で働き出したのは一九九四年。私は高校から親元を離れ、大学、サラリーマン時代と首都圏に居住していた。久々に佐賀市に戻り、生活をしてみて気がついたのは、地域の商店街や伝統産業の元気のなさだった。子どものころに二回も迷子になったほどたくさんの人であふれかえっていた中心商店街はシャッターや空き店舗が目立ち、来訪者もまばら。両親に手をつながれて入った美味しいレストランも閉店していた。ニュースでも企業の景況感の悪化をよく取り上げていた。

その打開策の一つとして、自治体は、ベンチャー企業創出のための助成やインキュベーション施設などの支援制度を次々と打ち出していて、新事業創出に熱心に取り組んでいた。しかし、佐賀県においては、これらの制度を活用して事業に挑戦するプレーヤーの数が少なく、志を同じくする人々の競争と協調をもたらすコミュニティも形成されていないと感じていた。

このような状況の中、一九九八年一月、当時の佐賀銀行会長の田中稔氏の呼びかけによって、佐賀県内の有力企業二六社、一団体から九千九〇〇万円の奨学寄附金を募り、佐賀大学理工学部にベンチャービジネス支援先端技術講座（以下、寄附講座）が設置された。同時に、佐賀銀行を事務局として、寄附講座支援を目的としたSAGAベンチャービジネス協議会

（以下、ベンチャービジネス協議会）が立ち上がった。さらに、一九九八年四月には、佐賀県経済部（当時）、産業界が中心となって、佐賀県内のケーブルテレビ各局を接続してブロードバンドネットワークを構築し、このインフラを利用して地域産業活性化を目指すNetComさが推進協議会（以下、NetCom）も設立された。

しかし、寄附講座において起業を志す学生が現れても大学内部だけでは事業化支援に限界があった。そこで、一九九九年一〇月、社会人を主たる対象としつつ、大学生も参加して共に学び、研鑽する場として鳳雛塾は設立された。鳳雛とは、「鳳凰の雛」、すなわち未来の英雄という意味。人材育成を通して地域活性化に役立ちたいという関係者の思いがこの名に込められている。

きっかけは、一九九五年、「佐賀県政への提言」論文コンテストで私が優良賞を受賞したことだ。この提言では、事例教材を活用したディスカッション式の授業を取り入れ、起業家精神を育むコミュニティづくりが重要であることを指摘した。この内容は全文が佐賀新聞に掲載された。私は、ただ提言するだけでなく、この内容を実現したいと強く願っていた。しかし、中学校を卒業してからずっと佐賀市を離れていた私には実現のためのノウハウも人的ネットワークも資金もなかった。

ちょうどそのとき、佐賀新聞に掲載された私の提言を読んで、共感してくれていたのが、当時、佐賀銀行でベンチャー育成を担っていた横尾敏史氏だ。一九九七年、佐賀県で経済振興のシンポジウムが開催されることになり、私が世話人を仰せつかった。そして、佐賀銀行会長に基調講演をお願いした。たまたまそのときの調整窓口が横尾氏だったのだ。はじめて会ったとき、横尾氏から「あの提言論文を書いた飯盛さんはあなたでしたか」といわれたことをはっきりと覚えている。彼とは人材育成の方向性や具体策について意気投合し、数時間語り合った。そして、彼が事務局長を務めていたベンチャービジネス協議会を母体として鳳雛塾が立ち上がったのだ。

## オープンで対話中心の授業

鳳雛塾を立ち上げるとき、私と横尾氏で心配したことは、果たしてこのような学びのコミュニティにどれくらい人が集まってくれるかということであった。一人、二人だとディスカッションが難しい。最低でも三人いると何とか形にはなる。そう思い、塾生の募集をはじめた。徐々に問い合わせの数も増えていき、一人ということはないだろうと信じ、第一回開講式の会場に足を運んだ。教室の中を見てびっくりした。約四〇人の塾生が集まってくれていたのである。横尾氏も興奮していた。地域でどれくらいのニーズがあるのか全くわからなかったが、これだけ何かを学びたいという人がいるのだという事実に感銘し、横尾氏と手を取り合って喜んだことを昨日のことにように覚えている。

鳳雛塾の主な特徴は、

・徹底したオープンポリシーを採用していること

・独自開発のケース教材を用いたケースメソッド（後述）を導入していること

があげられる。塾生は、原則として月二回（年間約一五回）の夕方からの授業に出席可能で、起業、新規事業に関心のある方であれば誰でも受講可。そのため、塾生には、若手社会人を中心に、大学生、企業経営者、大学や高校の教員、自治体の職員、マスコミ関係者など多様な人々が参加し、共に机を並べ、立場や肩書きをこえた活発な議論が行われている。また、授業はいつでも聴講自由にしているため、ＯＢや塾生の知人が参加することも多い。

次に、独自のケースメソッドを導入していることも他の講座とは大いに異なる。ケースメソッドは、一九〇〇年代の初期に、ハーバード大学ビジネススクールが中心となって開発した実践的マネジメント教育の方法である。ケースメソッドでは、意思決定の場面が記述されたケース教材を事前に分析し、問題を発見しその解決策を模索し、ケース教材の主人公の立場で意思決定を行うというプロセスを経て、受講生はクラスでディスカッションを行う。これを繰り返し行うことで、積極的行動力、戦略的意思決定能力などを養うことを目的としている。昨今では、ケースメソッドによって、人とつながる力や人を束ねる力が養われるとも

授業の様子
ディスカッション式の授業のため、このように相互に顔の見える形態に机を配置する。講師は受講生の発言を常に促し、レクチャーをすることはほとんどない。また、聴講者もよく参加する（提供：鳳雛塾事務局）

論じられている。

ケースメソッドでは、通常、講師は何かの講義を行ったり、唯一無二の答えを求めたりはしない。参加者は、徹底して、自分で考え意思決定し、その内容を討論する。講師は、参加者の発言を促したり、なぜそのような考えに至ったかを問う。そして、参加者間での議論が次々と繰り広げられるようにファシリテートしながら、常に考えてもらうように心がける。ケースメソッドに参加した鳳雛塾の塾生からは、答えは一つではないことを実感した、何かに挑戦しようという気持ちが芽生えた、という感想が寄せられている。

設立当初は、ビジネススクールからケース教材を購入して授業を行っていた。しかし、地方の企業や立ち上げたばかりの事例がほとんどないため、鳳雛塾では、塾生の事例などを中心とした独自のケース教材を一〇種類開発し、利用している。このうち、四つには、映像を付加しデジタル化してＷｅｂサイトに公開している。

また、鳳雛塾では、NetCom の支援によってサーバーを導入し、Ｗｅｂサイト上での教材配布、課題提出、出欠確認、事前のディスカッションなどを行っている。さらに、二〇〇〇年度には、慶應義塾大学ビジネススクールとの遠隔授業を一二回実施し、うち九回は、NetCom、佐賀大学の技術支援を得て、高速通信網を活用した先進的な授業に挑戦した。二〇〇二年度からは、私の転居に伴い、テレビ会議システムを活用した遠隔授業も不定期に実

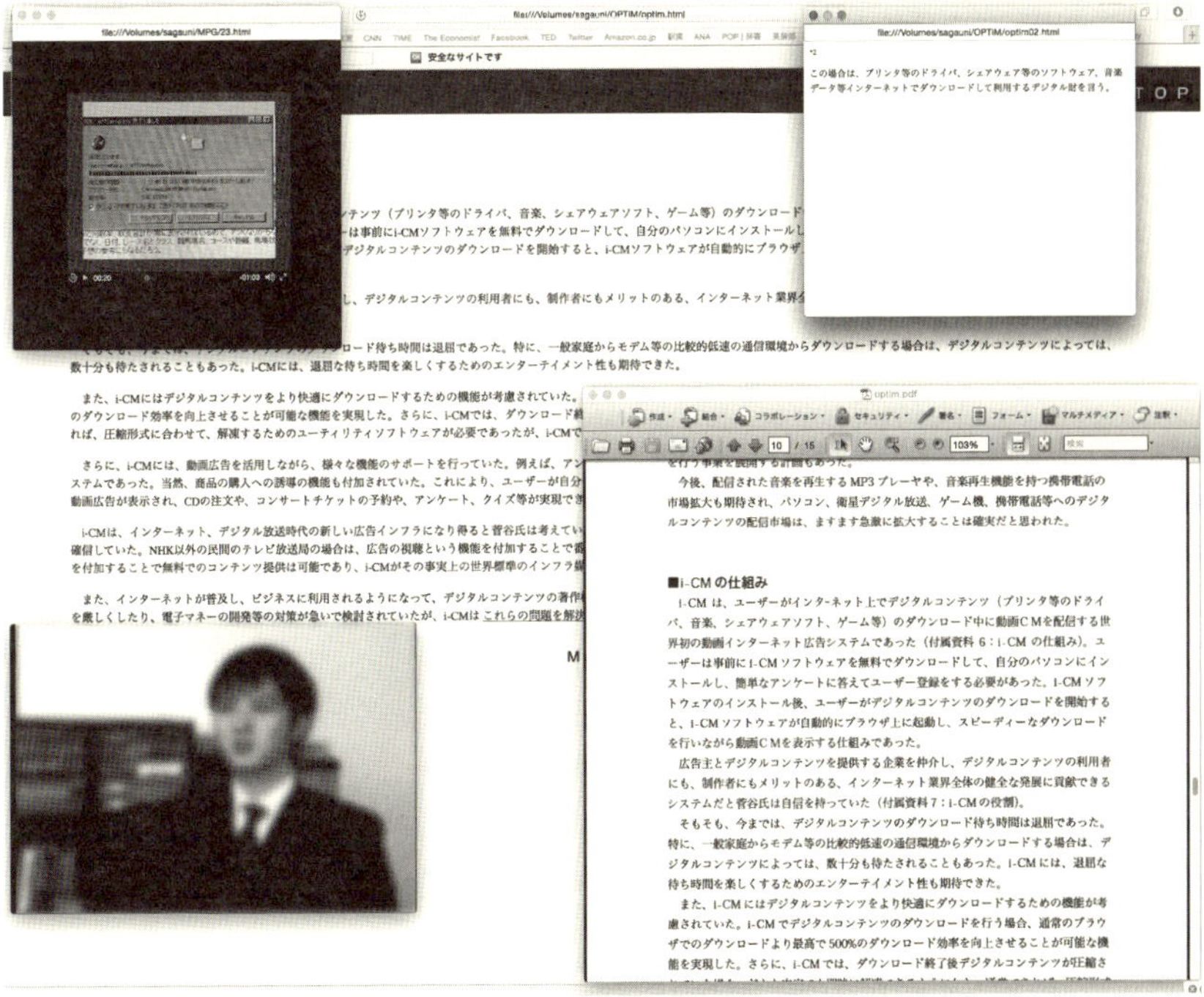


デジタルケース教材
鳳雛塾では、通常のケース教材はWeb形式、PDF形式で参照できる。さらに、Webの文章をクリックすると、インタビュー内容や製品などが映像で見られる。このような形式のデジタルケース教材は当時は珍しく、国内ではほとんど類するものはなかった

施している。

## 次々と生まれる新事業

鳳雛塾は二〇一二年度までに約五百名の塾生が巣立った。事務局でも全てを把握することができないくらいに事業（非営利も含む）を立ち上げた例には枚挙に暇がない。例えば、デジタル映像教材にも取り上げた二社は、佐賀県を代表するほどの企業に成長している。また、佐賀県の中小企業創造活動促進法認定企業のうち八社はＯＢが経営に携わっている企業である。五社が二〇〇一年から開始された

遠隔授業の様子
遠隔授業の場合も、同じようにディスカッション式の授業を行う。鳳雛塾では、事務局メンバーにコーディネータになってもらい、議論が円滑に進むように工夫している（提供：鳳雛塾事務局）

佐賀県産業ビジネス大賞の大賞、優秀賞を受賞している。インキュベーション施設への入居者も鳳雛塾関係者が多い。

二〇〇二年度、塾生の提案が契機となって、佐賀市立小学校二校が総合的な学習の時間においてアントルプレナーシップ育成教育に取り組んだ。五年生数名がチームを形成してビジネスプランを作成し、商店街の空き店舗を活用して販売活動を行う「キッズマート事業」である。小学生はもちろん、PTA、学校、商店街からの評価も高く、現在では四校で実施されている。

さらに、二〇〇四年度には九州経済産業局が主催する高等学校向けアントルプレナー教育事業を塾生の企業が受託した。この事業は、佐賀県立高等学校二校の生徒たちが、チーム別に事業計画を作成し、佐賀県内の大手企業の協力のもとにアイスクリーム、パン、手芸品などの独自商品の開発を行い、商店街の空き店舗で販売を競うものである。鳳雛塾ではこれらの事業に対し、企画や運営、講師派遣、事業計画作成、評価などの支援を行った。

これらの事業が認められ、鳳雛塾は二〇〇五年六月に特定非営利活動法人になり、経済産業省の「地域自律・民間活用型キャリア教育プロジェクト事業」の支援をうけて、「ケースメソッドを導入した一貫型ビジネス人材育成キャリア教育事業（佐賀モデル）」（以下、キャリア教育事業）を展開している。キャリア教育事業では、キッズマート事業を取り込み、小学生から

キッズマートの様子
授業は、総合的学習時間のカリキュラムとして実施されている。まず、基礎知識を学び、商店街にインタビューに出向き、自分たちで事業計画を作成する。それをもとに、商店街で実習を行う。このときは、商店街に子どもたちの元気な声が響き渡り、商品は完売することが多い
（提供：鳳雛塾事務局）

高校生までを対象に、地域の企業、商店街や地域づくりなどを題材とした独自開発の教材を活用したディスカッション形式の授業を各校で行い、最終成果として地域の商店街や企業と連携した商業実践を導入していることに特徴がある。

この小学生を対象とした事業は、佐賀市教育委員会が主体的に関わり、鳳雛塾がコーディネートした小学校、中学校、高校における外部講師数は二七名、協力企業、提案型インターンシップ受入企業数は一九七社、大学生のサポーター数は延べ二三八名に達し、その協力者のほとんどが鳳雛塾の関係者である。

また高校生を対象とした事業は、マーケティングなどのマネジメントに関する講義やケースメソッドを部分的に取り入れ、販売実習のサポートを行っている。

キャリア教育事業は、二〇〇九年度からは専門学校生、二〇一一年度から短期大学生、大学生に対象を拡大。そして、二〇〇五年にNPO法人化してから二〇一三年度までに、延べにすると、小学校四七校：三千九九八名、中学校五六校：八千五一三名、高校三六校：二千六二〇名、大学・短大八校：一千三二名の児童生徒、学生が受講している（図表5）。現在の鳳雛塾の中核事業だ。

さらに、佐賀のご当地グルメ「シシリアンライス」を通じて佐賀を元気にすることを目指した任意団体「佐賀市はシシリアンライスdeどっとこむ」を二〇一〇年に設立した中心メン

高校生対象の事業の様子
年度によって取り組み内容はさまざまであるが、レクチャー、事業計画作成、販売実習という流れが一般的だ。また、高校生向けケース教材については、飯盛義徳研究会の学生メンバーが開発し、授業を担当したこともある（提供：鳳雛塾事務局）

バーは鳳雛塾のOBだ（図表6）。

シシリアンライスは、三〇年ほど前に佐賀市の喫茶店で誕生したといわれている。その後、佐賀市のレストランの定番料理となり、現在では約三〇軒で食べることができる。各店で多少のアレンジがあるが、ライスの上に炒めた肉と生野菜をのせ、マヨネーズをかけたものが基本。

現在では、佐賀市観光協会が中核となって、佐賀市で活発に活動を展開している。シシリアンナちゃんというキャラクター、オリジナルソングも生まれた。二〇一二年五月には「B級ご当地グルメでまちおこし団体連絡協議会」の正会員に昇格。同年に開催された「第七回B1グランプリin北九州」へ佐賀県から初めての出展を実現した。

また、塾生の佐賀大学の学生たちは、特定活動非営利法人佐賀大学スーパーネット[注4]を立ち上げて環境問題や高齢者へのパソコン教室などの事業に取り組んでいる。最近では政治を志す人々も参加するようになり、一名は国会議員に当選した。さらに、鳳雛塾の塾生自らが講師となって、互いに教え合い、学び合う形式の勉強会もいくつか立ち上がっている。

二〇〇四年から、富山インターネット市民塾[注5]との関係が深まり、地元の有志の人々の協力によって富山鳳雛塾が設立された。鳳雛塾は、ケース教材や運営ノウハウを提供し、相互に授業を公開したり、教材を共有したりという交流がはじまった。

図表5　キャリア教育事業の広がり

| | 小学校 | 中学校 | 高校 | 大学・短大 | 合計 |
|---|---|---|---|---|---|
| 平成17年度 | 3校(284名) | 3校(602名) | 2校(91名) | 0校(0名) | 8校(977名) |
| 平成18年度 | 5校(476名) | 2校(356名) | 2校(222名) | 0校(0名) | 9校(1054名) |
| 平成19年度 | 4校(352名) | 3校(591名) | 4校(261名) | 0校(0名) | 11校(1204名) |
| 平成20年度 | 4校(359名) | 7校(925名) | 3校(88名) | 0校(0名) | 14校(1372名) |
| 平成21年度 | 5校(472名) | 7校(948名) | 4校(66名) | 0校(0名) | 16校(1486名) |
| 平成22年度 | 6校(449名) | 6校(860名) | 3校(75名) | 1校(69名) | 16校(1453名) |
| 平成23年度 | 5校(386名) | 10校(1276名) | 9校(1213名) | 3校(304名) | 27校(3179名) |
| 平成24年度 | 6校(445名) | 8校(1343名) | 4校(273名) | 2校(225名) | 20校(2286名) |
| 平成25年度 | 9校(774名) | 10校(1612名) | 5校(331名) | 2校(434名) | 26校(3152名) |
| 合計 | 47校 | 56校 | 36校 | 8校 | 147校 |
| | (3998名) | (8513名) | (2620名) | (1032名) | (16163名) |

図表6　「佐賀市はシシリアンライス de どっとこむ」の Web サイト
（出所：シシリアンライス de どっとこむ、http://sicilianrice.com）

二〇〇五年七月には、慶應義塾大学湘南藤沢キャンパスと藤沢市が主催する藤沢鳳雛塾が開講された。地元企業のケース教材を開発して、地域の企業の人々と学生がともに学び合う場が形成された。さらに、二〇〇八年には横浜市や経済団体の協力のもと、横浜鳳雛塾が実施された。

二〇〇九年からは、神奈川ニュービジネス協議会の主催によるKNBC鳳雛塾が開講されている。二〇〇九年度は全四回、二〇一〇年度は全六回、二〇一一年度は全八回、二〇一二年度は全八回の講座が開催され、それぞれ神奈川ニュービジネス協議会の会員企業が約二〇名参加し、活発な議論が交わされた。その他にも鳳雛塾という名称ではないものの、ケースメソッドを活用して地域で活躍する人材育成を図る活動は各地に広がりつつある。[注6]

このように、児童生徒を対象としたものを私たちは縦展開とよび、各地に広がっているものを横展開とよんでいる。いずれにしても、鳳雛塾の開設当初は、このような展開は全く予想だにしなかった。まさに社会的創発がもたらされているといえるのではないだろうか。

実は、一九九九年度、第一期の講座が完了したとき、私と横尾氏は、第二期には取り組まないことにしていた。第一期では予想をはるかにこえる塾生が集まったものの、第二期を開講しても塾生はあまり集まらないだろうと考えていたのだ。何より予算もなかった。しかし、第一期の塾生たちから、どうしても継続してほしい、もっとコースを充実させたり、回数を増やすなどして充実させてほしいという要望が相次いで寄せられ、第二期も開催することになった。それから一五年継続している。こうして振り返ると、続けることの大切さを肌で感じている。

このような実績が評価され、二〇〇三年度、日経地域情報化大賞日本経済新聞社賞、二〇一〇年度には地域づくり総務大臣表彰を受賞した。また、二〇一三年度、経済産業省キャリア教育アワード優秀賞も受賞できた。

2004年の富山インターネット市民塾との交流の様子
富山インターネット市民塾とは、越肥同盟を結び、盟約書を取り交わした。現在でも、この交流は続いており、地域間連携の可能性を探っている
(提供：鳳雛塾事務局)

## 3　プラットフォーム設計の基本的要素

プラットフォームの大きな特徴は、それが設計可能な道具（人工物）であるということだ。プラットフォーム設計の変数として、前述の、國領氏は、①コミュニケーション・パターンの設計、②役割の設計、③インセンティブ（誘因）の設計、④信頼形成メカニズムの設計、⑤参加者の内部変化のマネジメントをあげている。[注7]

それぞれを簡単に説明しよう。コミュニケーション・パターンの設計では、情報経路の観点から、プラットフォームへの参加者や行われている行為がどのようにつながるかを検討しなければならない。役割の設計においては、プラットフォームの運営者、参加者のそれぞれの役割について調整を行う。役割が生成されないといわゆる烏合の衆になってしまうおそれもある。

インセンティブは、プラットフォームの存立条件であり、提供する付加価値そのものだ。参加者が活発に活動を継続していくためのインセンティブには、金銭的なもの、精神的なものなど多様。また、全体的な利得と個人的な利得が相反することもあろう。そのため、個々のインセンティブを満たしながら全体の利得を高めていくことがマネジメントサイドに求められる。

信頼形成メカニズムの設計は、特に地域づくりにおいて重要な要素だ。強いつながりと弱いつながりがうまく結合することが大切であることを前に述べた。そのためには、信頼が醸成されていなければ効果的なつながりは生まれない。参加者の内部変化のマネジメントでは、参加者自身の変化についても考慮をすべきだと指摘している。

そして、帰納的、仮説導出的に得られた成果として、國領氏は以下の五つのプラットフォーム設計の指針を提示した。[注8]

・資源（能力）が結集して結合する空間をつくること
・新しいつながりの生成と組み替えが常時起こる環境を提供すること
・各主体にとって参加の障壁が低く、参加のインセンティブを持てる魅力的な場を提供すること
・規範を守ることが自発性を高める構造をつくること
・機動的にプラットフォームを構築できるオープンなインフラを整えること

ここで、プラットフォームと鳳雛塾について考えてみたい。まず、鳳雛塾の運営モデルについて検討してみよう。鳳雛塾では、オープンポリシーを採用して、地域独自のケース教材を用いたディスカッションを行うことで臨場感溢れる授業が実現し（時には、ケース教材の主

人公が参加することさえある)、産官学の多様な人々の参加も促進されている。それが資源共有、信頼形成の契機になり低額な受講料を実現し、オープンポリシーを支えている。低額であるからこそ、聴講生を受け入れるなど教室をオープンにして、多様な人々を迎え入れることができる(図表7)。

次に、プラットフォーム設計の要素についで考察する。まず、コミュニケーション・パターンをみてみよう。授業では、講師―塾生、塾生―塾生間でのディスカッションが活発である。ただ、運営に関することについては、私と横尾氏の間ではほぼ毎日何らかのコミュニケーションが行われ、塾生が議論に参加することはほとんどない。その際、着目したいのは、新しい事業がおこる契機である。実は、

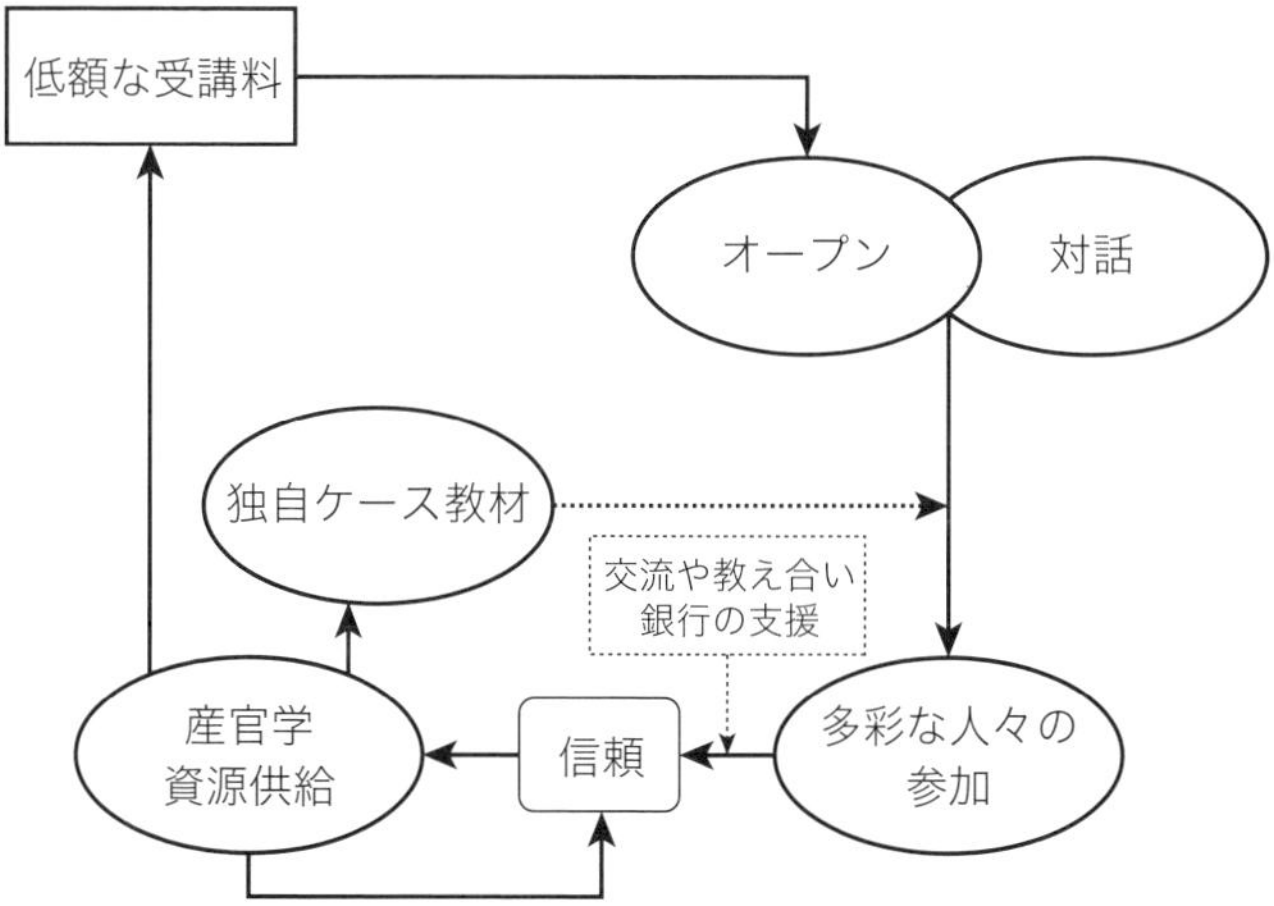


図表7　鳳雛塾の運営モデル(出所:飯盛(2005)、p. 69)

新しい事業の情報は、私と横尾氏からではなく、塾生の情報が元になっているものばかりである。例えば、小学生、高校生の事業は、もともと、塾生からの要請ではじまっている。子どもの事業の情報を寄せてもらい、私と横尾氏で、鳳雛塾で取り組むべきかを議論。その後、実施を決定して、鳳雛塾外部の人々とも連携をしながら取り組んだという経緯がある（このプロセスについては、第3章で詳述する）。

ここで役割の設計で大切なポイントがある。事業推進においては、情報を入手し、紹介した塾生をリーダーにして（役割形成）、私や横尾氏、塾生、自治体や大学などの主体が参加した。その折、塾生たちのインセンティブは何だったのだろうか。今までの研究から、彼らは、自分の技術がいかせる、自分のために

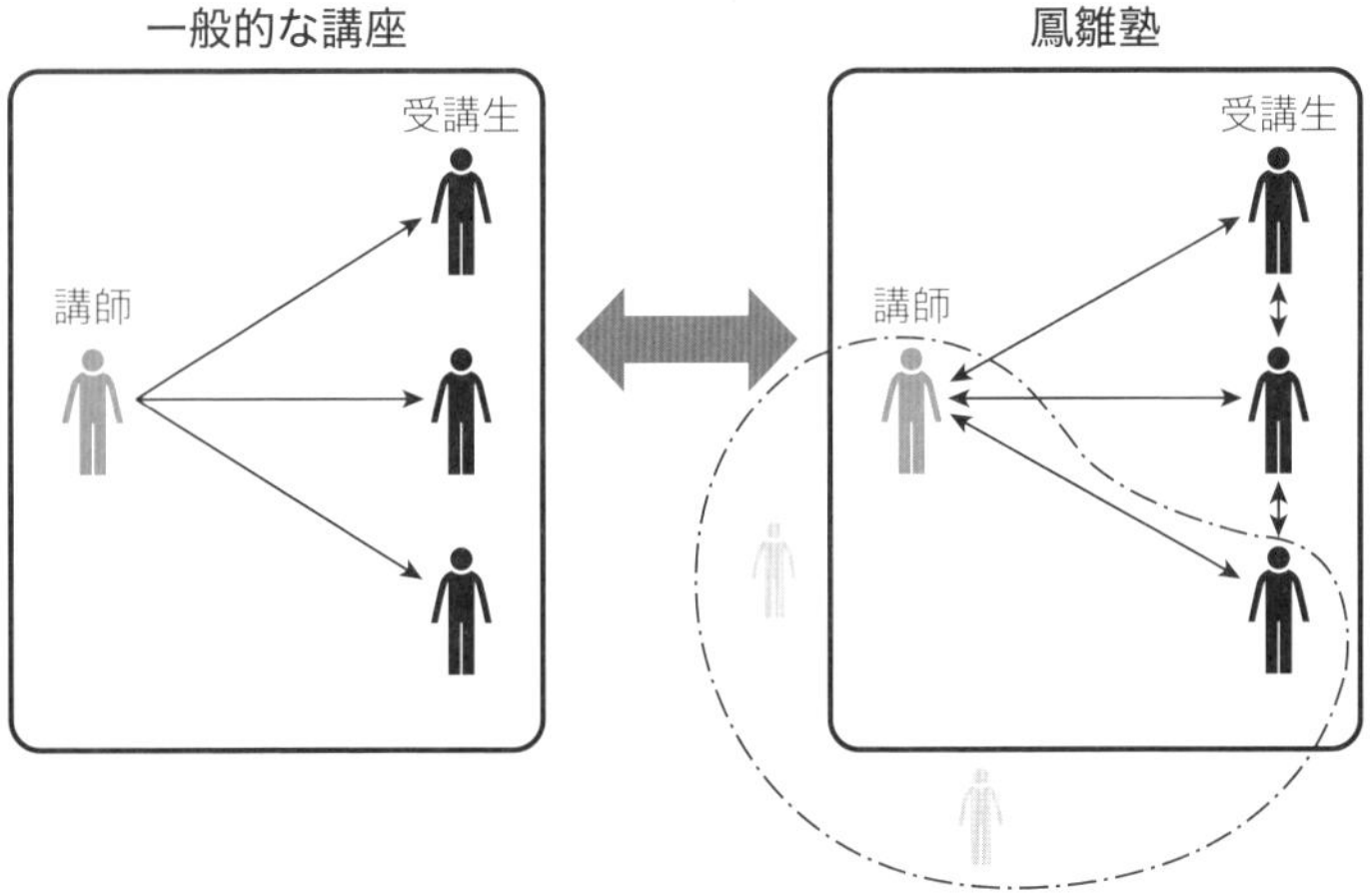


図表8　一般的な講座との違い

なる、という思いで事業を推進したことが明らかになっている。そして、ケースディスカッションという不断の相互作用、佐賀銀行が事務局を務めているという要素が信頼形成につながっている。

事業を推進した塾生は、必ず地域づくりにも思いをはせるようになる。鳳雛塾に参加する主な理由は、マネジメントの勉強をするためであるが、このように新しい事業を担い、展開していくうちに内部変化がおこるのだ。

鳳雛塾では、新しい出会いからスタートして、ケースディスカッションという相互作用によって信頼が醸成されて、新しいつながりが生まれている。オープンポリシーによって聴講や新しい参加者が迎えられて、それが弱いつながりとして新しい情報取得のきっかけとなっている。そして、リーダーとして役割を与えられることで新しい事業が生まれていることがわかる。これが一般的な学びの講座との違いだ（図表8）。

では、効果的なプラットフォームを設計するためにはどうすればいいだろうか。次章から、さらに、その具体的ポイント、キーワードに迫っていこう。

# 第3章

# プラットフォーム設計のポイント

（提供：まめや代表取締役 北川静子氏）

長年各地に赴き、実践をしたり、フィールドワークをしたりするうちに、次々と新しい活動や価値を生み出している取り組み、つまり効果的なプラットフォームには共通した特徴があることがわかってきた。その一つはプラットフォームへの参加の境界設計が絶妙であることだ。もう一つは、運営に必要なさまざまな資源をいろいろな主体が持ち寄っていること。だからこそ、予算が少なくてすみ、参加者が主体的になって参加する要因にもなっている。

ここでは、次々と新しい活動が生まれている、三田の家・芝の家、岩見沢駅の事例を紹介しながら、境界の設計の大切さを説明したい。また、三重県多気町の「せいわの里 まめや」(以下、まめや)の活動を紹介しながら資源持ち寄りのメカニズムについて検討し、前章で紹介した鳳雛塾の事例を再度分析してみよう。

## 1　境界への注目

第2章で説明したように、効果的なプラットフォームを設計する際には、人や組織間の強いつながりと弱いつながりがうまく結合することが大切だ。そのためには、プラットフォームへの参加の障壁、つまり境界(boundary)をどのように設計するかに目を配る必要があるだろう。

あまりにも境界が強固であると（例えば、内部に入るための壁や敷居が高いなど）、内部の人たちにとっては居心地がよく、信頼で結ばれている強いつながりが構築できる可能性があるだろう。そのような場合、共通の興味や関心があり、そのグループだけにしか通用しないような言葉を使っていることもあるだろう。ただし、そうなると新しい人の出入りは難しくなり、新規の、異質な情報が次々と入ってきたり、新たな活動が次々と起きたりするような状態にはなりにくい。

かといって、境界がなく、誰でも全く自由に出入りできると、新しい情報はいつでも入ってくる可能性はある。しかし、人や組織の間に信頼が醸成されていないと、新結合をもたらして、新しい活動が次々と生まれる状態にはなりにくいと考えられる。

このような状況を、金井壽宏氏は、ネットワークのレインボーパラドクスとして紹介している。[注1]例えば、弱いつながりは、思いがけない情報や資源、意外な発想や知恵をもたらすが、強いつながりがもたらす対話上の強みも重要となる（弱連結パラドクス）。一方、異質すぎてしまうと接点がなく、同質すぎると新結合は難しいのだ（多様性―同質性ジレンマ）。

では、このようなアンビバレントな状態をどのように解決すべきであろうか。私は、強いつながりをベースとしながら、いかに常に新しい情報や知識、資源が流入する弱いつながりを組み込むようにするかが大切だと考えている。そのキーワードが境界だ。

哲学者、社会学者として著名なゲオルク・ジンメルは、境界の概念は、人間の相互関係性においてきわめて重要であると指摘している。[注2] 他の要素に対して境界を設定することによって、自己と他者を区別することになり、それはひいては相互作用につながる。人間には境界を設定することができるという大きな特徴をもつ。

また、エドワード・レルフをはじめ、多くの先哲たちは、ある場所の内側になること、すなわち属することでアイデンティティが形成されると論じている。[注3] ただし、外部と内部という区別は、きわめて主観的であり、私たちの意図によって左右され、境界も変わるのである。

さらに、境界は目に見えるものばかりではない。確かに、河川や山地、建築など、自然環境や人工物の境界はわかりやすいだろう。しかし、社会・文化的、精神的なものでは境界は見えない場合もある。そのようなとき、境界があるかないかを示す「こと」がある。それは、儀式や儀礼である。[注4] 例えば、何かに参加する際に、明確な儀式があるとすると、メンバーかメンバーでないかは一目瞭然になる。このようなメンバーシップも境界を示すサインになる。

いずれにしても、このように、境界を設定できるのは人間だけであり、それは主観によって左右されてしまう相対的なものであることが理解できる。ここで、本書においては、境界とは、「内部と外部との区分けをする領域」と定義する。そして、プラットフォーム概念において、境界とは、ハードやソフト、目に見えるか見えないかに関わらず、人間がつくり、定めるものと位置づけられる。

コミュニティ研究の分野においても境界は注目されている。アンソニー・コーエンによると、コミュニティは、集団が他集団との対比によって自己を認識するため、自己と他者を区別する境界によって象徴的に認識されるという。[注5]

さらに、プラットフォーム、境界を考察するうえで重要となる概念の一つに、「実践コミュニティ」（community of practice）がある。実践コミュニティとは、職人などの徒弟制の現場、職場や学校などでみられる、集団への参加を通して知識と技能の習得が可能となる社会的実践が展開される集団をいう。[注6]

この実践コミュニティにおいても、境界の概念は重要な位置を占める。エティエンヌ・ウェンガーは、境界と実践について考察し、何らかの実践によってもたらされるつながりにはいくつかの形態があり、「周辺性（peripheries）」というタイプを示した。これは、境界を開くことで新しいつながりを形成するものである。[注7]実践コミュニティにおいては、正式メンバーにはまだなれないような人々に対して、周辺での経験を提供することによって他の世界につながることができる。正式メンバーに左右されることなく、正当な、何らかの実践への多様なアクセスを提供するものといえよう。

効果的なプラットフォームでは、多様な主体が相互作用を行い、新しいつながりから創発が生まれてくることが前提であれば、基本的にはオープンに参加できながら同時に何らかの制約を課すことが必要であり、そこでは、前述のように、主体間の強いつながりと弱いつながりが結合した形態になっている可能性がある。

そのため、プラットフォームにおける効果的な境界設計を果たすには、

・強すぎず（高すぎず）、弱すぎず（低すぎず）
・可視性が高く、出入り可能
・内部の人々に何らかのアイデンティティが形成される

ということが重要であろう（図表9）。

そして、内部でもあり（なく）、外部でもある（ない）状況（領域）をつくりだすことで、

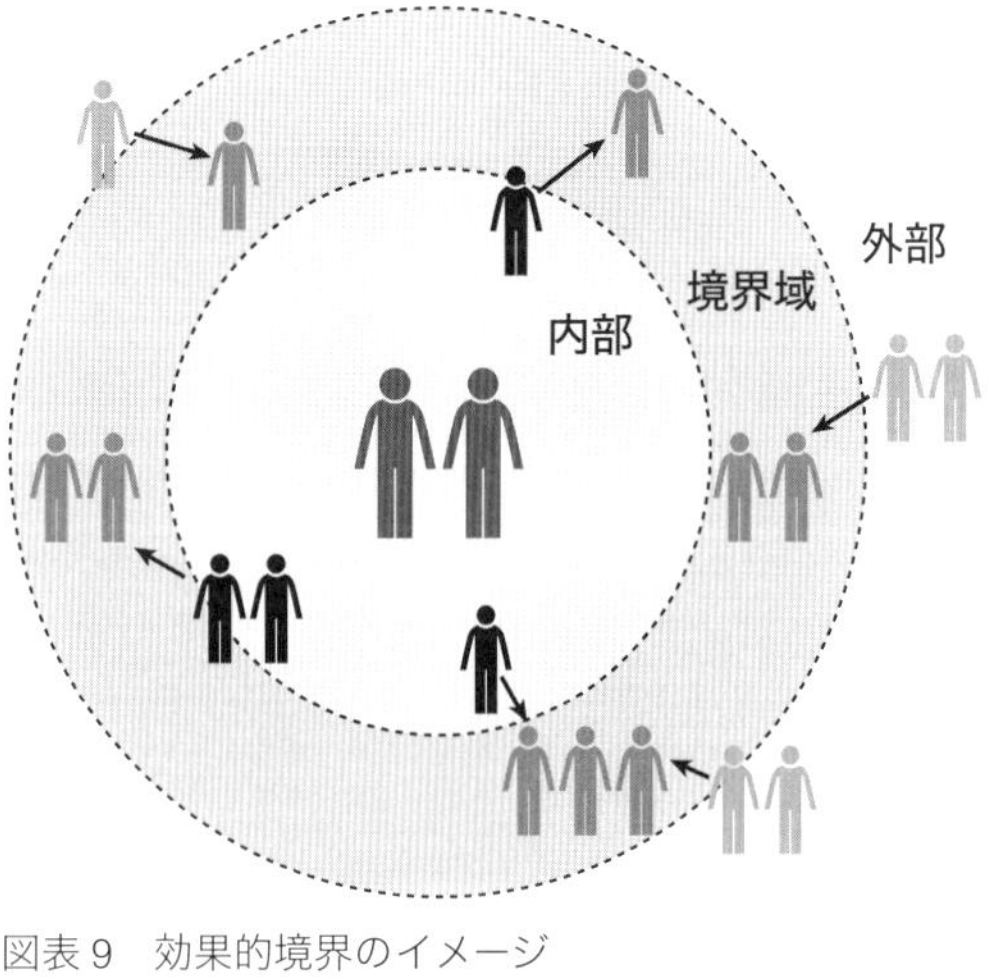

図表9　効果的境界のイメージ

どちらでもない自由な思考、実践が可能となると考えられる。これは、建築や文化人類学、歴史の分野でも同じような指摘がなされている。まさに、辺境でイノベーションは巻き起こるのだ。

では、いくつかの例をもとに、境界設計の大切さを実感していただこう。

## 2　効果的な境界設計の事例

### 三田の家・芝の家の事例

三田の家は、慶應義塾大学の教員や学生たちと三田商店街振興組合が共同で運営する、自由な交流を生み出すことを目指すプロジェクトである。二〇〇六年五月、大学近隣の木造住宅を借り受け、改装して、地域の多様な人々が集うラウンジ的な場を提供しはじめた。[注8]

都心では、地域の人や組織間のつながりはかつてほど密接ではない。そこで、生活をしていても出会うことのなかった人たちが出会い、学び合い、交流する場の創出を志して三田の家は生まれた。三田の家では、思い思いの料理をふるまう「共奏キッチン」や、歌づくりワークショップを展開している「うたの住む家」などが多数生まれている。

三田の家は、教室と居酒屋の中間の場。まさに、教室でもあり居酒屋でもあり、教室でも

三田の家
都心の商店街の中にある古民家を改築して居場所を形成した
（提供：坂倉杏介氏）

三田の家
このように、多彩な人々が気軽に集まり交流する拠点になっている
（提供：坂倉杏介氏）

芝の家の縁側
このように、縁側で、家の内部の人々と外部の人々との交流が生まれる
(提供：金原英二氏)

ない居酒屋でもないという、境界が曖昧な状況を実現した。これまで出会ったことのない人々がカジュアルに出会い、学び合い、交歓する場の創出を目標としている。

一〇人の「マスター」とよばれるコーディネータがおり、毎週一日ずつ曜日ごとにそれぞれ独自の場づくりを担当している。維持には、家賃や光熱費など年間約一二〇万円が必要。これらの費用は、マスター、スタッフをはじめ、参加者一人一人がお金、時間、知恵を出し合って支えている。この仕組みをメンバーシップとよんでいる。

一方、芝の家は、港区芝地区総合支所が実施する「昭和の地域力再発見事業」の拠点として二〇〇八年に整備された、いわば地域の居場所である。住民同士の相互扶助や課題解決を目的として、慶應義塾大学と共同で事業推進されている。開設以来、芝の家の訪問者は増加の一途を辿り、一日あたりの平均来訪者数は、三二・九人となっている。

この芝の家でも、次々と新しい活動が生まれている。花や野菜の鉢植えを育てて軒先に飾る「コミュニティ菜園プロジェクト」や「えんす〜ぷ」という若い医師や栄養士が展開する地域の健康づくり活動がある。また、子育てしやすいまちづくりを目指す「芝で子育てしたくなるまちづくりプロジェクト」も二〇一〇年に立ち上がっている。

三田の家・芝の家の運営者である坂倉杏介氏は、慶應義塾大学特任講師を務めながら、私の研究室の博士課程の学生として研究プロジェクト活動に勤しんでいる。彼へのインタビューの結果、三田の家、芝の家では、内部と外部、メンバーとそれ以外の境界が曖昧、いわば中間的であり、かつ小さいグループの生成から継続的な活動が生まれていることがわかった。ここに来れば、お互いの立場や所属を離れて、自由に意見の交換ができる。そして、気兼ねなく何かをはじめることができるのだ。

さらに、着目したいのが、縁側の効用である。芝の家では、縁側が設置されており、家の内外をつなぐ役割を果たしているという。

まさに縁側は、内部でもあり(なく)、外部でもある(ない)状況をつくりだすのにわかりやすい装置。内部の人たちの結束を固めつつ、外部にも開かれている、つまり強いつながりに弱いつながりを結合する一つのモデルといえるだろう。

## 岩見沢駅の事例

北海道岩見沢市は、北海道中央の空知地方南部に位置し、石狩川に合流する支流が多数ある。人口は約八万八千人。日本有数の豪雪地帯であり、国の特別豪雪地帯の指定を受けている。

道央自動車道、複数の国道をはじめ、JR函館本線、室蘭本線の接続地点でもあり、古くから道央地区における交通の要衝として栄えていた。そのため、近隣の札幌市のベットタウ

岩見沢駅
赤レンガに大きなガラスが特徴の駅舎。レンガの刻印を見に、各地から人が訪問する（提供：西村浩氏）

ンとして発展している。また、旧国鉄が公認していた全国一二箇所の鉄道の町の一つでもある。
岩見沢駅は古い歴史を持つ駅である。一八八四年八月一五日、周辺の幌内炭鉱や空知炭鉱から産出される石炭輸送を主として担う幌内鉄道の岩見沢フラグステーション（旗が立てているときだけ停車する場所）として仮設置された。一八八五年一一月には停車場が新設されている。そして、一八九二年には二代目駅舎に建て替えられ、一九三三年には三代目駅舎が完成した。三代目駅舎は道内でも有数の歴史を誇っていたものの、二〇〇〇年一二月一〇日未明、漏電で焼失し、二〇〇七年まではプレハブの仮駅舎として営業されていた。[注9]
二〇〇五年三月五日、岩見沢市とJR北海道は、全国初となる駅舎デザイン一般公募を行った。全国から三七六件の応募があり、株式会社ワークヴィジョンズ一級建築士事務所代表の西村浩氏のデザインが最優秀となった。[注10] 新駅舎建築は、二〇〇六年三月に着工し、二〇〇九年三月には隣接する有明交流プラザや連絡歩道なども含めて全面開業を迎えている。
この新しい岩見沢駅の特徴は、
・寄付することで、駅舎側面に利用される赤レンガに、自分の名前や住所などを刻印できること（事務局として、地域の人々が主導して、「岩見沢レンガプロジェクト[注11]」が立ち上がっている）

さまざまな自発的活動（岩見沢駅）
地域の人々主導による、老若男女が参加するさまざまな活動が次々と生まれている。まさに、駅＝プラットフォーム。写真は、駅の通路で開催された子どもたち向けのプラレール大会（提供：西村浩氏）

ホールを活用した音楽のイベント（岩見沢駅）
たくさんの人々が参加している（提供：西村浩氏）

・駅舎の大部分がガラス張りとなっていて、駅内部や駅前の風景が一望できること（黒い柱にはレールを活用している）

があげられる。

この岩見沢駅の注目すべきポイントは、岩見沢駅を舞台に、地域の人々主導によるさまざまな活動やプロジェクトが生まれていることである。例えば、駅舎をつなぐ通路でのプラレール大会や、コンサート、絵描き大会などが頻繁に行われ、結婚式まで開催されている。

では、なぜ岩見沢駅でいわば社会的創発が起こっているのだろうか。建築家の西村浩氏とは、常日頃、地域づくりについて議論を交わしている。彼は、設計のときに一番留意したことは、境界をどう設計するかというポイントであったという。岩見沢駅は、衰退している岩見沢市の再生の起爆剤としても期待されていた。そのためには、多くの人々が集まり交流できる場でなければならないと彼は考えたという。そのためには、外部と隔絶された空間ではなく、「境界はあるものの、出入り自由で、外からも内からも何が行われているかわかるような可視性の高い状況」をつくりだす必要があったと語った。

それは岩見沢駅の大きなガラス張りの壁がそのポイントになっている。岩見沢駅のガラス張りの壁は、まずポスターや貼り紙など視界を妨げるものは一切ない。もしあると剥がして回るそうである。また、夜には、内側だけでなく、駅の外側もライトアップされており、外

内部と外部（岩見沢駅）
ガラスの壁はあるものの、外から駅内部がよくわかるように設計されている
（提供：西村浩氏）

ライトアップ（岩見沢駅）
内部からも外部の様子がわかるように、駅前もライトアップされている（提供：西村浩氏）

から駅内部がわかるだけでなく、駅から外部もよく見えるように工夫されている。まさに、内部と外部との間の可視性の高い構造となっている。

三田の家・芝の家も、岩見沢駅も多くの人たちのつながりが生まれ、まさに社会的創発がもたらされている。これらのプラットフォームのポイントは境界であり、内部と外部とがゆるやかにつながるエリア、仕組みをつくりだしていることがわかる。

## 3　資源持ち寄りの事例

### まめやの事例

もう一方で検討したいのが、資源持ち寄りによるプラットフォーム設計の可能性だ（ここでいう「資源」とは、前述の資源化プロセスの「資源」よりもミクロの視点であり、運営に必要な経営資源という意味で用いる）。これは、境界設計とも大いに関係がある。

プラットフォームを構築する際に必要な資源をどのように調達すればよいだろうか。地域づくりにおいては、関心がない人たちでさえいかに活動に参加してもらうのかが問われる。そのため、それぞれの人や組織が、自分たちの提供できる資源を持ち寄ってプラットフォームを構築することで、自分たちの活動という自覚が芽生えて、主体性を発揮できる可能性がある。

この資源持ち寄りモデルがうまく具現されているのが、三重県多気町（旧・勢和村）にある「まめや」[注12]である。多気町は「高校生レストラン」で有名になった相可高校があるところ。三重県のほぼ中央部の中山間地域にあり、都心からのアクセスはあまりよくないものの、まめやは平日でも訪問客で一杯になる。二〇一三年度、日本経済新聞社主催の、「景色も格別　自然味わう農園レストランベスト一〇」の第二位に選ばれたほどの人気のお店だ。

まめやは、農村文化を次の世代に伝えたいという地域の人々の想いのもと、二〇〇三年に設立。農家レストランや体験教室、加工品の販売を中心に、農村の魅力を広く伝える活動をしている。ただ、農産物を販売するだけでなく、野山の緑、土の感触、風の心地よさ、人と人のつながりなど、全ての資源をいかしながら、地域づくりを行い、次の世代につなげて、若い人たちの誇りになるようにしたいという夢がある。

大豆や豆腐、味噌、米など、料理の素材の全てを地元の農地で生産している。また、子どもたちには、土筆《つくし》をとってくると、まめやが買い取ってくれる制度がある。料理も地元の主婦たちの家庭料理で、旬の素材をいかした手作り料理が並ぶ。それをバイキング形式でいただく。小さいときに身についた味はきちんと再現できるのであり、まさに家庭の味だ。冬春は豆腐田楽、夏は鮎など、季節にあった土地にあったものを提供し、まさに、地産地消を実

まめやの全景
まめやのファンは多く、駐車場は一杯になる。店内は老若男女でごった返す
(提供：まめや代表取締役 北川静子氏)

現している。

設立時、農村の継続、活性化を訴え、地域の人々三五名に出資してもらい、一口五万円、合計約一千万円を集めた。その資金だけでは、建物建設、運営両方を賄うことができない。そのため、地域の人々が協力して自治体の助成などにも応募した。それでも開業資金には足りなかった。そのため、食器、バスタオル、着物など、あるものは何でも持ち寄って運営することにした。

レストランの厨房機材も、廃業したお店からもらって、地域の人々が軽トラに積んで手作りで設置した。社員は農家がほとんどのため、農繁期休業日を設け、全員が力を合わせて持続可能性のある、無理のない運営を行っている。

家庭にあるもの、今まで何でもない日常のものと思っていたものが資源になると気がついた途端に、地域の人々に自信が芽生えた。そして、味噌、漬物など自前の特産品づくりをはじめ、地域の資源やその知恵をもつ高齢者を見直すようになり、長い間育まれてきたものに愛着を感じることができるようになったという。[注13]

地域の中では、新しい活動が次々と生まれてきている。一旦閉店してしまった、弘法大師ゆかりの温泉「大師湯」を復活させようという動きが始まったり、地域の地図、歴史が記された「テクテクマップ」を作成して、来訪客のまち歩きを誘発したり、地域の人々が地元の

まめやに持ち寄られた食器類
持ち寄った茶碗や皿など。料理も各家庭の自慢の料理が出される
(提供：まめや代表取締役 北川静子氏)

良さに気づくきっかけになるように工夫している。そのため、来訪客が増えて、近くの産直の店「ふれあい館」の売上も向上している。

このように、まめやは、資源を持ち寄り、地域のプラットフォームを形成することの大切さが実感できる好例だと考えている。

## 4　鳳雛塾における境界設計と資源持ち寄り[注14]

本章では、効果的なプラットフォームを設計する際に、境界と資源持ち寄りという要素に着目した。では、これらの視点を中心に、第2章でも簡単に分析した鳳雛塾におけるプラットフォーム設計のプロセスを再度検討してみよう。

私は、以前、参与観察を中心とした事例研究によって、鳳雛塾は、コアメンバーと呼ばれる運営主体間の強いつながりと、一般メンバーと呼ばれる塾生間の弱いつながりから構成されていることを明らかにした。また、第2章でも論じたように、新しい事業の情報は、全て弱いつながりの一般メンバーの塾生からもたらされていることを示した[注15]（図表10）。

例えば、キャリア教育事業をみてみよう。子どもたちに自分で考え行動してもらうことの大切さを説き、キッズマート導入を進言したのは、第一期生の友廣一雄氏である。①彼からこの情報がもたらされ横尾氏と私で議論、②友廣氏にリーダーをお願いして事業がスタートした。

また、鳳雛塾では、前述のように、誰でも参加可能というオープンポリシーを貫きながら、独自のケースメソッドを取り入れている。鳳雛塾の入塾条件は、志のある方のみ。その結果、多彩な受講生が集まる。ただ、いろいろな人々が自由に参加するだけでは新しい事業が生まれるわけではない。オープンでありながら、何らかの制約を課すこと、すなわちケースメソッドを導入することで事前学習が不可欠になり、それをしていないと、議論への十全参加が制限される。これが内部でもあり外部でもある境界をつくりだし、それが多様な人々が参集し、相互作用が生まれるきっ

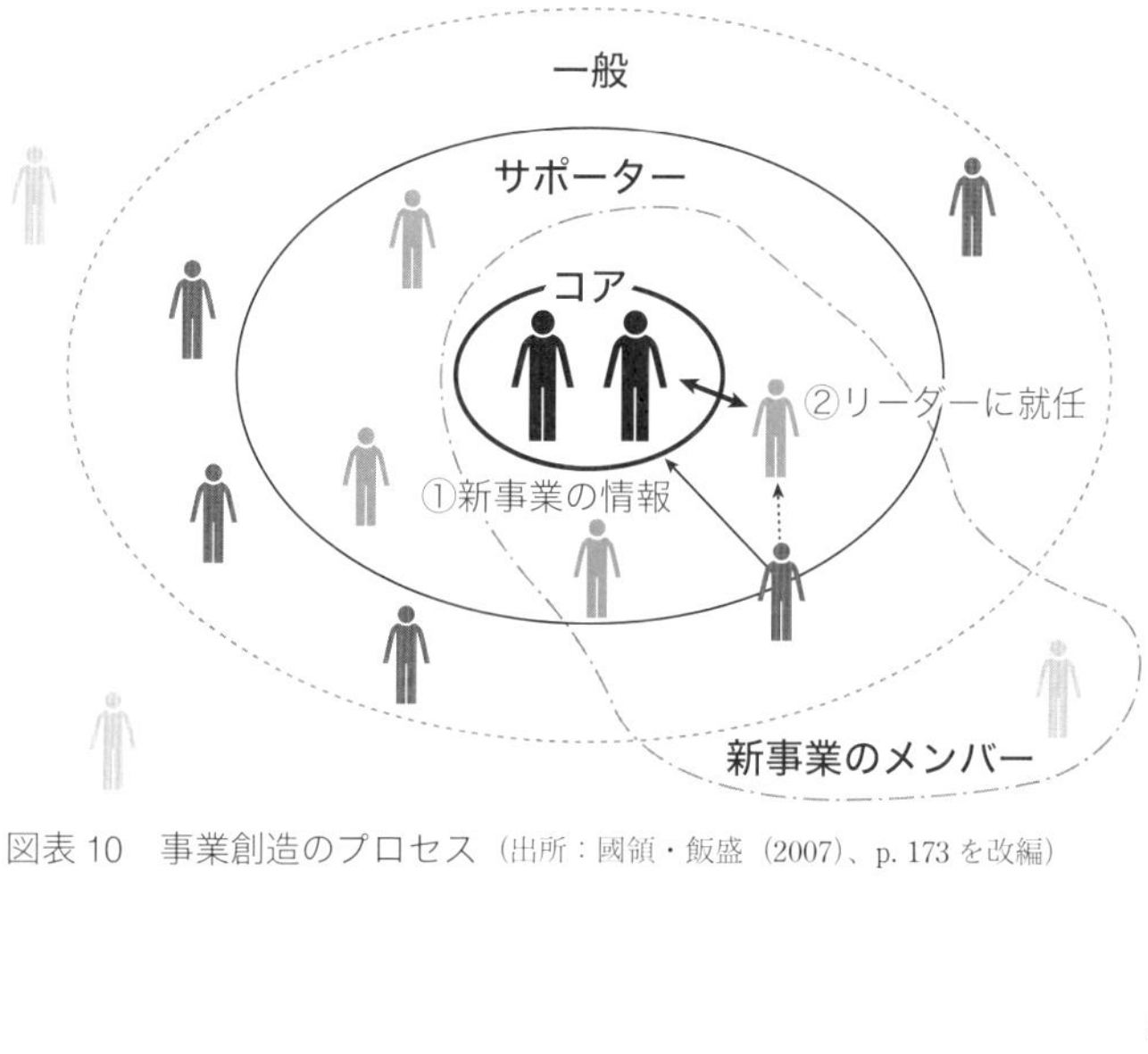


図表10　事業創造のプロセス（出所：國領・飯盛（2007）、p. 173を改編）

かけとなると考えられるだろう。つまり、ただ参加するだけではなく、知の供与、すなわち知という資源持ち寄りの有無が絶妙な境界になっている。

このように、教え合い、学び合うオープンなプラットフォームにおいては、自然と互酬性の規範が形成され、それが信頼の醸成につながる。そして、信頼があればこそ、さらに、教え合い、学び合い、さらに資源の共有が果たせる。これが、強いつながりと弱いつながりの結合をもたらし、何らかの事業が生まれていくと考えられる。

さらに、私は、インタビューの中で、新しい事業を担った塾生[注16]が口々に語った、「資源」「オープン」というキーワードに注目し、鳳雛塾が所有している資源（人的ネットワーク、知識など）が自由に利用できるからこそ新しい事業が生まれ、運営できているのではないかという仮説を論文で提示した。例えば、前述の友廣氏は、以下のように語っている。

「支援というか、積極的に事業に参加し、運営するようになったのは、飯盛氏、横尾氏のオープンさ、そして、支援をしよう、人と人をつなげようとする気持ちに報いたいと思ったからです。**鳳雛塾では、ネットワークや知識など資源が自由に活用できるように配慮されていると感じています。**例えば、ジュニアビジネススクールもそうです。鳳雛塾で出会った起業家教育事業を展開している社長さんに紹介してもらい、是非、佐賀で実践したいと相談しました。その結果、二〇〇二年に、私がリーダーとなって小学生のための起業家育成スクールのジュニアビジネススクールを立ち上げました。これには、飯盛氏、横尾氏をはじめ、鳳雛塾の関係者、塾生の方々、多数に講師になってもらうなど多大な協力をいただきました。このように、オープンであるからこそ、支援をしてもらえるからこそ、動ける、動こうという気になります」。

横尾氏も、

「鳳雛塾の**資源である、組織・ネットワーク、ブランドをフルに活用してもらう**ように配慮しています」。

と述べ、意図的に資源をオープンにしてサポーターに利用してもらうようにしていることを明らかにしている。これがインセンティブとなって、何らかの新しい活動が生まれ、運営できているのだ。

では、新しいつながりが形成され、資源を共有するだけで社会的創発がもたらされるのであろうか。実は、鳳雛塾では、次々と新しい事業が生まれているにもかかわらず、ほぼ同じモデルを導入している他地域の鳳雛塾では、参加者の満足度は高いものの、新しい活動が次々と生まれているわけではない。もちろん、鳳雛塾は長年活動を継続していて、人的ネットワークや運営ノウハウが蓄積されていることは否めない。ただし、塾生は、鳳雛塾でも他地域の鳳雛塾でも原則として一年で交代することは同じだ。では、鳳雛塾と他地域の鳳雛塾の違いは何であろうか。

鳳雛塾と他地域の鳳雛塾の運営を比較すると、鳳雛塾では、運営に必要なさまざまな資源が産官学それぞれから持ち寄られて構成されている。佐賀銀行から事務局機能、教室、懇親会の会場を提供してもらっている。NetCom からはインフラ利用、システム構築、佐賀県や佐賀市からは教室利用、設備貸借、佐賀大学からは事務局拠点提供、遠隔技術、教材開発などの支援を得ている（図表11）。

一方、他地域の鳳雛塾においては、ほとんどが自治体や協議会などの単一の組織、団体の資源のみで運営されており、資源持ち寄りの度合いは低い。これらの相違をまとめると以下のようになる（図表12）。

鳳雛塾は、佐賀銀行からプレスリリースが発

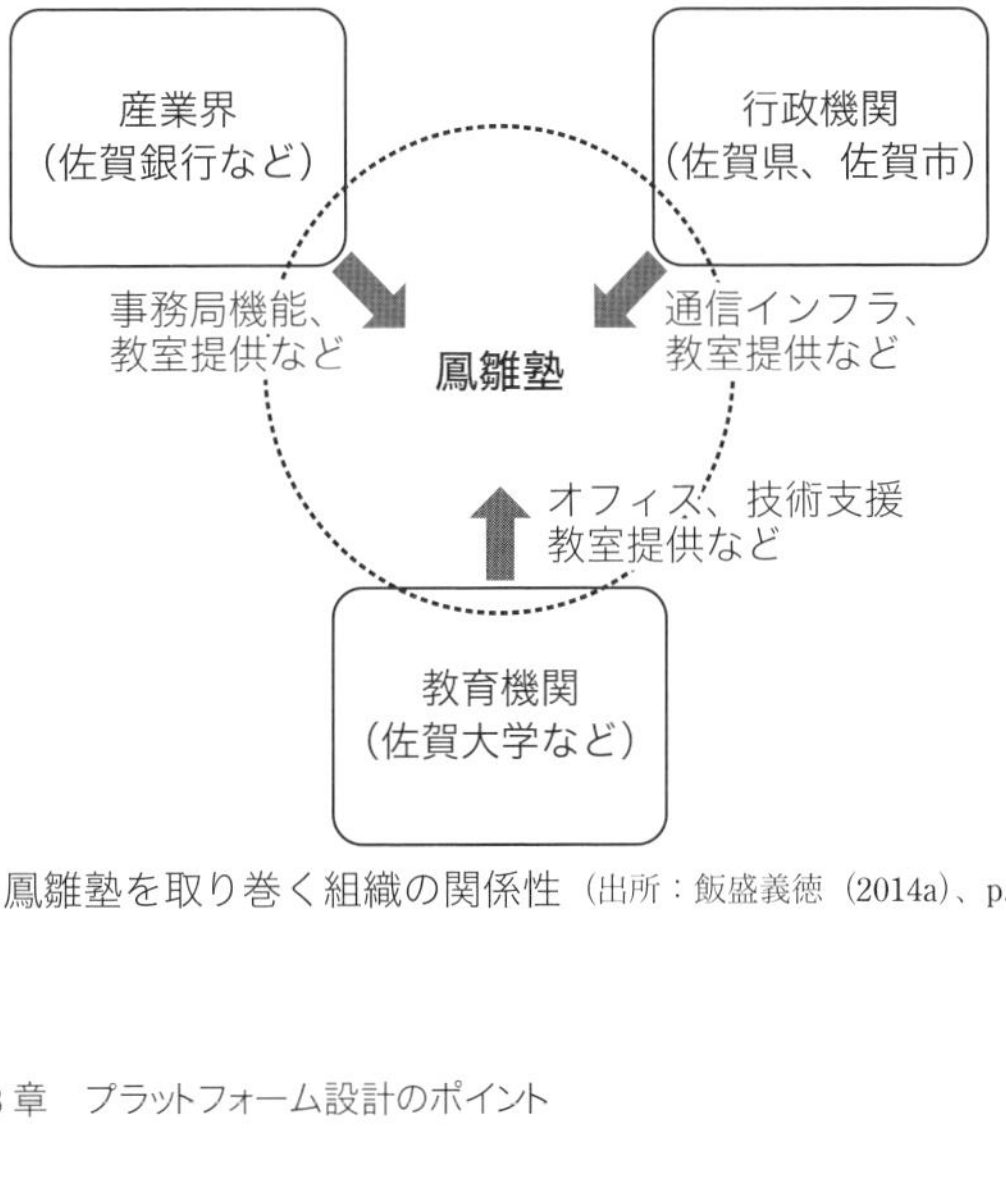


図表 11　鳳雛塾を取り巻く組織の関係性（出所：飯盛義徳（2014a）、p. 8）

行され、佐賀銀行Annual Reportでも活動が詳しく紹介されている。また、佐賀大学でも、大学の活動の一部として鳳雛塾の活動が報告されている。このように、資源持ち寄りを実現しているからこそ、活用できる資源に広がりができ、関係団体や個人が、自分自身の活動として認識し、主体性を発揮していることがわかる。

以上により、地域における社会的創発をもたらすプラットフォーム設計には、ケースメソッドやワークショップという学び合いを実現することに加えて、

・多様な主体が資源を持ち寄り運営

・誰でも参加、アクセス可能

という要件が大切であることが示唆される。

それが、総合的には、資源の希少性、豊潤性を担保し、そのような資源を利活用できるからこそ何かの活動が生まれるし、参加メンバーにとっても活動のインセンティブになる。さらに、個々の主体が負担する運営コストが軽減

図表12　鳳雛塾と他地域の鳳雛塾の比較

| | 鳳雛塾 | 他地域の鳳雛塾 | 備考 |
|---|---|---|---|
| 授業 | ケースメソッド中心 | ケースメソッド中心 | 回数は各地で異なる |
| 参加者 | 募集による自由参加 | 募集による自由参加 | 鳳雛塾の参加者は多様 |
| 活動期間 | 1年（継続） | 1年 | 他地域では単年度の場合もある |
| 新しい事業 | 多数実現 | なし | 満足度はいずれも高い |
| 運営資源 | 産官学からの資源持ち寄り | ほぼ全て事務局による提供 | 資源とは、運営に必要な全てのもの |

（出所：飯盛義徳（2014a）、p. 8）

できるために、継続性にもつながる。

このようなプラットフォームにおいては、資源を持ち寄った人々とそうでない人々が共存していることになる。資源を持ち寄った人たちは、主体性を発揮する契機となる。まさに資源を持ち寄った人たちが中心のプラットフォームながら、そうでない人もそこに自由に参加できることで、そこに内でもない外でもない境界が引かれ、多様な人々が参加しつつ、コアメンバーも存在するという「弱いつながりと強いつながり」の共存関係が実現できるとも考える。

今後は、境界をうまく設計し、資源持ち寄りによるプラットフォームをいかに構築できるか、そのマネジメント能力が問われる（図表13）。

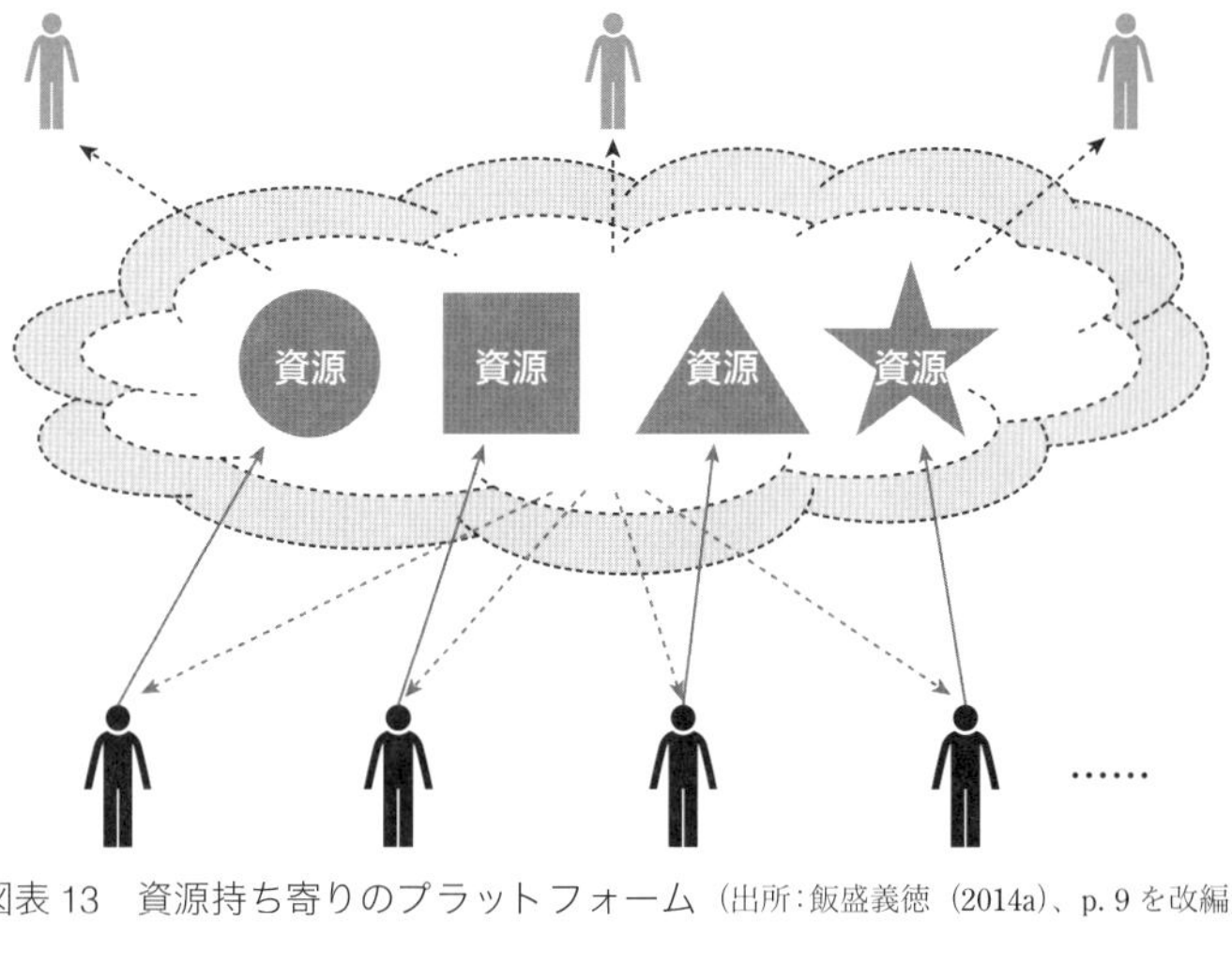

図表13　資源持ち寄りのプラットフォーム（出所：飯盛義徳（2014a）、p. 9を改編）

本章では、効果的なプラットフォームを設計する際に、境界設計、資源持ち寄りの有効性について可能性を提示した。これからまだまだ検討する余地の多いテーマではあるものの、具体的にどのようにプラットフォームを設計すべきかについて、これからも洞察を深めていきたい。

# 第4章
# 地域・大学連携とプラットフォーム

地域づくりにおいて、大学の可能性に注目が集まっている。特に、大学は、地域の資源化プロセスを確立する上で、重要な役割が果たせることがわかってきた。若者、よそ者の視点が、地域イノベーションを誘発する可能性を秘めているのだ。

ただ、漫然と一緒に活動するだけではうまくいかないだろう。やはり、ここでも協働、創発をもたらすプラットフォーム設計という視点が大切になる。地域・大学連携で成果をもたらすためには、第3章でも論じたように、地域の人々、大学の教員や学生が、立場をこえて、ヒト、モノ、カネ、情報という資源を持ち寄り、対等に、かつ真摯に議論していくことで地域の課題解決につながる何かの実践が生まれる。

ここでは、プラットフォームの視点を中心に、慶應義塾大学湘南藤沢キャンパス（以下、慶應SFC）の飯盛義徳研究室による地域と大学との連携による地域づくりプロジェクトについて紹介し、地域と大学との連携の可能性や意義などについて検討したい。

## 1 地域と大学との連携の可能性[注1]

総務省過疎対策室の調査によると、集落活動を支援している集落外の主体としては、「NPO法人や任意団体」が三五・九％で一番多い。一方、「高校・大学などの教育機関や研究機関」

も二六・六%を占め、二番目に位置づけられている。[注2] また、総務省の調査では、大学教員との地域実践活動を「現在実施している」「過去に実施していた」自治体は全体の約四割を占めている。[注3] 最近では、特産物の開発やイベント開催、運営など、若者の視点や行動力をいかした取り組みを各地で目にするようになった。

地域と大学の連携には、分野、取り組み主体（個人や組織など）、内容などによってさまざまな形態がある。これらを概観して、地域づくりをテーマとして、大学側からみて大雑把に整理したものが以下である（図表14）。

まず、何かを大学内で行うか、大学外なのかについて分けられるだろう。さらに、

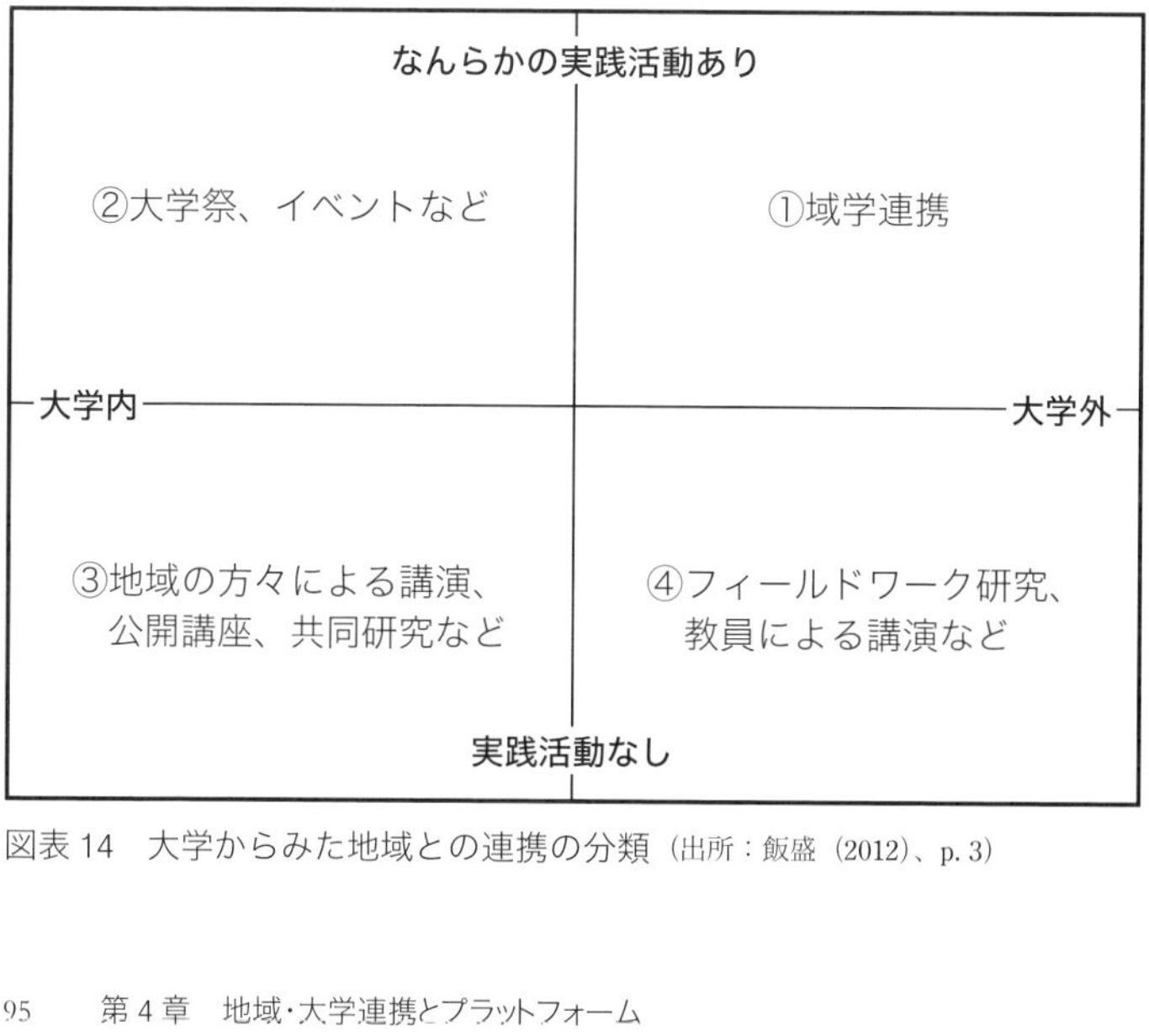


図表14　大学からみた地域との連携の分類（出所：飯盛（2012）、p. 3）

何らかの地域づくりに関する実践活動を伴うか否かについても類別できる。例えば、大学内で何らかの実践活動がある②の領域では、学生たちが大学祭やイベントで地域の特産物などを販売するような活動をイメージしている。

③は、地域の人々による大学での講座などの場合にあたるだろう。④は、何らかの地域づくりの実践活動を行うわけではないが、教員などが地域で講演をしたり、何かの研究をしたりするものだ。慶應SFCでも、地域で活躍しておられる人々の講演や、藤沢市との共催で藤沢市民講座を開催している。

ここで注目したいのが、大学（学生や教員）が地域の方々と一緒に、地域の問題解決につながる実践活動を行う①の「域学連携」だ。総務省では、域学連携を「大学生と大学教員が地域の現場に入り、地域の住民やNPO等とともに、地域の課題解決又は地域づくりに継続的に取り組み、地域の活性化及び地域の人材育成に資する活動」[注4]とし、積極的に支援している。まさに域学連携は、地域づくりそのものであるし、地域の資源化プロセスやプラットフォーム形成にも大きな影響があると考えている。

飯盛義徳研究室は、「地域における効果的なプラットフォーム設計」をテーマとして、二〇一三年度は約六〇名のメンバーが所属。現在、行政、NPO、企業などの多様な主体との協働によって、学生主導の、まさに域学連携による約一〇件の研究プロジェクトを実践している。

そのうち、二〇〇九年度から長崎県新上五島町、二〇一〇年度から福岡県八女市において、また、二〇一二年度からは高知県本山町、三重県尾鷲市において地域の問題解決プロジェクトを推進している。大勢の学生たちと地域に赴き、よそ者の視点をいかしながら、地域の人々との協働によって推進した域学連携型の研究プロジェクトだ。ここでは、活動の概要をお伝えしつつ、その可能性について検討したい。

## 2　上五島元気プロジェクト[注5]——地域の魅力の発信

遠浅の澄みきった海岸、急峻な岸壁、和洋折衷の重厚な教会、五島うどん、椿油。新上五島町には、ユニークな地域資源があふれる。しかし、その魅力があまり外部に伝わっていないのではという認識が学生たちにあった。そこで、二〇〇九年度から、情報発信を中心とした「上五島元気プロジェクト」を推進している。

### (1) 新上五島町[注6]の概況

長崎県は、五九四の島々（うち五二一は無人島）が浮かび、総面積の四五・六％が島嶼部で占

新上五島町（矢堅目）の海
見渡す限り、紺碧の海が堪能できる（提供：長崎県新上五島町）

められている。新上五島町は、長崎市から約八〇キロ西方の五島列島の北部に位置し、中通島と若松島を中心とする七つの有人島と六〇の無人島で成り立っている。

二〇〇四年八月、若松町、上五島町、新魚目町、有川町、奈良尾町の五町が合併して誕生した。面積は二一四平方キロ、地形は山林が七三・六％、畑が一六・五％、宅地が四・〇％である。

主要な産業は水産業で、地場産品としては五島手延うどんが全国的に有名だ。西海国立公園にも指定されているコバルトブルーの海と緑に恵まれた島々に囲まれ、ヤブツバキが自生している。江戸時代、幕府からの厳しい弾圧によって信仰を隠さなければならなかったキリスト教徒が新たな生活の場として移住した「祈りの島」でもある。現在、上五島には二九堂の教会が点在し、「長崎の教会群とキリスト教関連遺産」の世界遺産登録を目指している。

新上五島町の人口は、一九五五年の五万七千五一〇人をピークに減少が続き、二〇一〇年国勢調査では、二万二千七四人となっており、将来の人口推計では、二〇二〇年に一万七千三五六人と見込まれている。定住人口減少の主な要因は、水産業の衰退とそれに伴う若年層の流出と考えられている。島内にある二つの高校生たちは、卒業するとそのほとんどが就職や進学で島外にでてしまう。

## (2) 上五島元気プロジェクトの取り組み

二〇〇九年四月、長崎県と慶應義塾は、活力ある地域の形成と実践知の創造に寄与することを目的として、研究・教育活動の推進と地域振興に関する連携協力協定を締結。「地域の強みを活かした地域力向上支援事業」(以下、「長崎地域力向上プロジェクト」)をスタートした。

二〇〇九年度は、まず、新上五島町、松浦市、対馬市、南島原市の四つの市町において、教員と学生によるフィールドワークを通じて、農水産業や観光振興など、地域ごとの課題を発見し、具体的解決策を提言、発表することになった。参加を希望する学生たちは、志望理由書を提出。教員による審査、選抜を経て、参加者を確定することになった。

新上五島町については、私が責任者となり、二〇〇九年度は、大学院生、学部生の合計七名が参加した。そして、一連の活動を、「上五島元気プロジェクト」と命名した。まず、八月下旬に全員で新上五島町に赴き、椿油の製油所、教会や海岸などの観光拠点、旅館、商店、集落などをくまなく訪問。それぞれの状況を入念にヒアリング。しっかりと現状を把握した上で、学生たちの視点から地域の課題を認識することを目指した。

その後、遠隔テレビ会議システムを使って、学生たちが検討した内容をブラッシュアップするためのミーティングを三回開催。あわせて、新上五島町の産業・観光振興における戦略的思考を育むために、独自のケースメソッドを活用した遠隔授業も三回実施した。ミーティングも遠隔授業も、新上五島町の住民、町役場の職員、長崎県立大学の教員や学生、慶應SFCの学生が遠隔テレビ会議システム上で一同に会し、活発な議論を繰り広げた。

さらに、冬にかけて計三回、新上五島町を訪問し、観光振興やイベントに関する現地調査を行った。また、私が担当している秋学期の「まちづくり論」の授業において、当時、長崎県副知事の藤井健氏に長崎県の離島の状況や振興策について講演をしていただき、学生たちには最終成果として、長崎県の離島の問題点を抽出しその振興に関する具体的解決策に関する提言レポートを作成してもらった。興味深い提言をした学生には授業で発表してもらい、長崎県の職員から個別にコメントをいただいた。

三月二九日、長崎地域力向上プロジェクト全体の最終報告会が開催され、約一二〇名の関係者が集まった。学生たちは、椿油の新しい販売方法、郷土料理フェア、五島うどんとあごだしのネット販売や新商品の案などを提言し、情報発信の重要性について指摘した。

二〇一〇年度には、六名で上五島元気プロジェクトがスタートした。「美・健康・癒し」をテーマとして、二〇〇九年度に提言したことを実行に移していくことを目標に定めた。七月、慶應SFCの学園祭「七夕祭」において、他の三地域とともに、「地域連携・ご当地グルメ展」を開催し、冷やしかんぼこ（かまぼこ）五島うどんを販売。

八月には、新上五島町を全員で訪問し、第一回映像制作ワークショップを開催した。このワークショップは、各地で取り入れられ、地域づくりに効果がある「住民ディレクター」[注7]（住民がデジタルビデオカメラをもち、生活者の目線で番組制作を行う活動）を参考にしたものだ。住民ディレクターは、有限会社プリズム代表取締役の岸本晃氏が、テレビ番組制作のプロセスが、地域づくりに求められる企画力、構成力、広報力などを育むことを体験的に知り、一九九六年に熊本県で立ち上げた。ただし、番組そのものは目的ではなく、副産物という位置づけである。あくまで、プロセスを体験することで、地域づくりに必要な人材の育成を行うことに主眼をおいている。

学生たちには、新上五島町にはいい資源があるものの、それがうまく認識され、発信されていないという問題意識があった。そのためには、地域の人々が資源を再認識し、情報発信のスキルを磨き、地域をリードしていく人材育成が大切ではないか、それが資源化プロセスの確立にもつながると考えたのである。

映像制作ワークショップの参加者は、町内にある二つの高校の高校生と社会人あわせて約二〇名ほどであった。そして、一〇月、一二月にも映像制作、椿ワークショップを実施し、一〇本以上の地域の人々主導による地域の魅力発信の動画、椿油のアメニティ開発と販売施策の提案が生まれた。

二〇一一年度は、長崎地域力向上プロジェクトの枠から一旦卒業し、新上五島町と慶應S

遠隔会議の様子
事前に議題を決めて、新上五島町役場、長崎県立大学、慶應 SFC を相互に接続して、望ましい方向性を活発に議論している。この遠隔会議で決定した内容を現地で実践する

情報発信ワークショップの様子
学生たちと一緒に、地域の魅力を議論し、映像撮影。その後、パソコンで映像編集を行う。このときも学生たちが編集方法をアドバイスする
（提供：木口恒氏）

ＦＣが直接協定を締結して、「島からの情報発信によるまちづくり事業」が始まった。[注8] 過去二年間の活動をふまえた上で、情報発信をいかに充実させるかに特化し、地域の人々が主体となった地域づくり活動が根づいていくことを目指した。

具体的には、映像制作活動の定着化に向けた情報発信ワークショップ、地域づくりのリーダーを育成するためのまちづくり講座をそれぞれ四回開催し、地域の人々に成果を発表してもらった。

その結果、地域の人々の主導による新上五島町の魅力を伝える映像を紹介する「上五島チャンネル」[注9]がインターネットに立ち上がった（図表15）。

ここには、三〇本の映像が登録されており、

図表15　上五島チャンネル
（出所：上五島チャンネル、http://isagai.sfc.keio.ac.jp/kamigotoch/）

二〇一二年三月時点で世界中から五千回以上、動画が再生されている。また、これらの映像は、新上五島町の鯛ノ浦ターミナル港（フェリー乗り場）でも放映。学生たちのたっての希望もあり、慶應ＳＦＣの生協でもモニターに映像が紹介された。

そして、二月に開催された第五回の最終報告会では、百名近くの人々に集まってもらい、今後の新上五島町の振興のあり方について活発な意見交換を行った。

ほとんどの参加者は、新上五島町の活性化に対する意欲が向上したと語り、「新しい発見がいっぱいあった」「成功させるためにはワークショップを続けることがとても大事」「新しい出会いがあり、とても良かった」「とても楽しい班となり、自分では見つけられない視点の発見があり、今後の参考になりました。また是非参加します」などという好意的な声が寄せられている。なお、これらの活動内容の詳細については、長崎

最終報告会の様子
最終報告会では、新上五島町役場の人々だけでなく、さまざまな立場の人々が集まり、学生たちの提言に耳をかたむけ、真摯な意見交換が行われた

県「地域の強みを活かした地域力向上支援事業」のページ[注10]に最終報告書が公開されているのでこちらを参照いただきたい。

二〇一二年度は、新上五島町役場の協力のもと、学生たちの自主的なプロジェクトが立ち上がった。新上五島町での地域づくりプロジェクトを三年間継続してきた学生たちが掲げた問題意識は、地域の人々が新上五島町の魅力に気がついていないこと、それらを外部に発信できていないこと。この両方の課題を解決するための取り組みについて、何度も議論を重ねた結果、「あなたが見た上五島フォト・コンテスト」[注11]を実施することになった。

このコンテストは、長崎市―新上五島町のフェリー航路を運航している九州商船株式会社の協力のもと展開するもので、新上五島町の魅力と思える写真を公募し、審査を経て数枚の写真を九州商船株式会社のパンフレットに掲載するというものであった。全体で一〇二枚の写真の応募があり、審査の結果、うち四枚がパンフレットに掲載された。

この活動は、新上五島町役場の人々、地域の人々にも評価されて、二〇一三年度はさらに情報発信を充実させるべく、新上五島町との共同研究によって、「新！上五島チャンネル」[注12]が立ち上がった。都心の若者に新上五島町の魅力を知ってもらい、足を運んでもらうためのさまざまな施策を講じる第一歩となるものである。これから、さらに地域の魅力を発信するためのいろいろな活動が準備されている段階だ。

あなたが見た上五島フォト・コンテスト
地域の人々が撮影した写真がパンフレットに掲載された。このパンフレットは、フェリー乗り場などで広く配布されている

## (3) 学生たちが果たした役割

新上五島町には、白い底まで見える澄んだ海、小さいながらも重厚で荘厳な教会、独特の食などの地域資源が存在している。しかし、地域の人々は日常の生活の中で、その資源に気づいておらず、情報発信もうまくなされていなかった。

新上五島町にいってみると、多くの人々は、その魅力にとりつかれる。また、何より住んでいる人たちがいい。これは、一回でもいってみないとわからないことだ。学生たちは、何とかしてそれを実感してもらえるための方策を地域の人々と一緒に日夜考え、議論している。

このように、地域の人々、学生たちのコラボレーションによって、地域の資源を見つめ直し、映像による情報発信につながった。また、上述のコメントにもあるように、上五島元気プロジェクト、

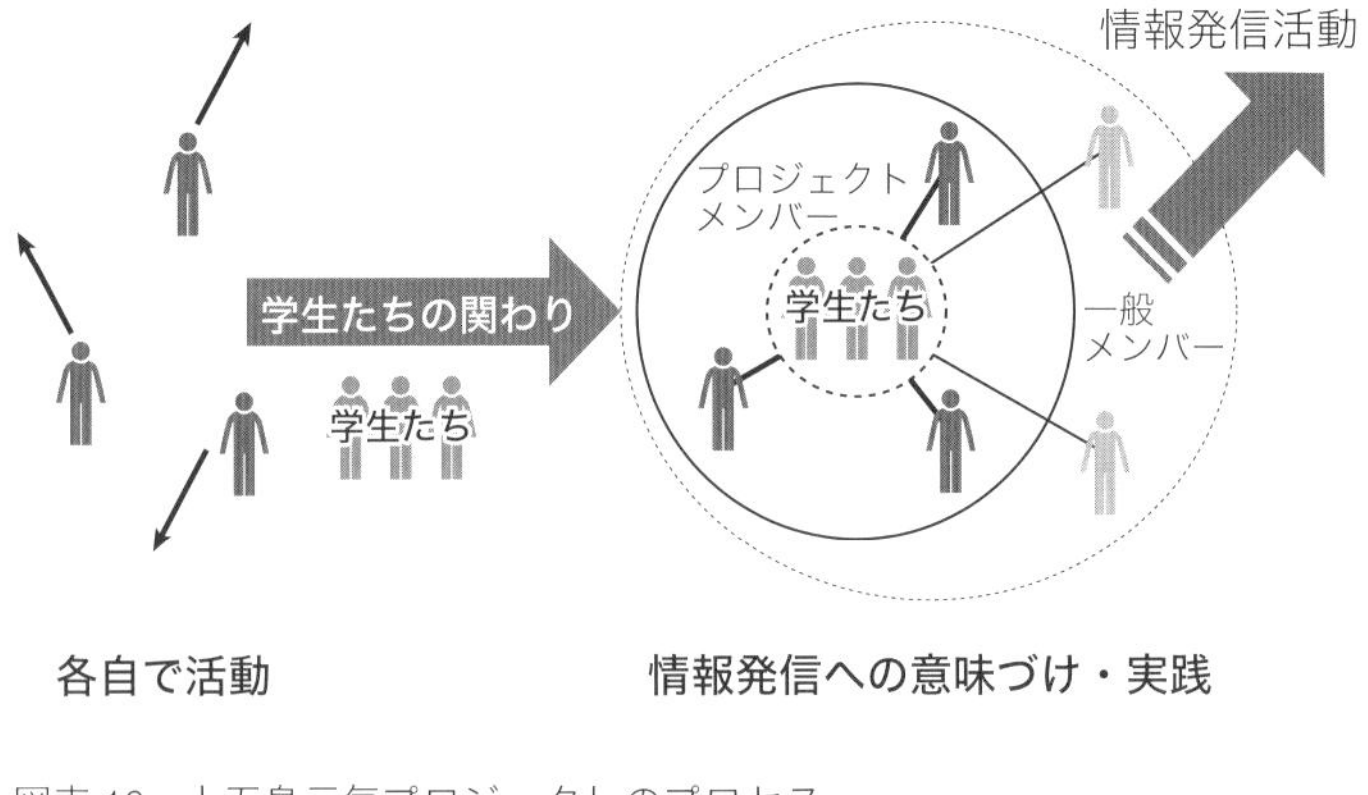


図表 16　上五島元気プロジェクトのプロセス

特に映像制作のプロセスにおいては、今までバラバラに活動していて、お互い知らなかった人々との出会い、つながりが生まれ、情報発信に対しての意味づけが行われ、共同で映像を生み出した。その際、ワークショップに参加した人々だけに限らず、広く活動に参加してもらっている（図表16）。

資源化プロセス、プラットフォーム形成に対して学生たちが果たした役割の一端が理解いただけたのではないかと思う。二〇一四年度は、さらに対象を絞り込み、首都圏の若者を新上五島町の観光に呼び込むための情報発信のあり方について議論をすすめている。若者が興味を持つ地域の魅力を映像化して発信する準備をしているところだ。

## 3　八女市元気プロジェクト[注13]——コミュニティFMを活用した地域づくり

八女茶で有名な福岡県八女市。二〇〇六年、二〇一〇年に市町村合併をして、福岡県で二番目の面積をもつ市になった。広域防災対策として、コミュニティFMが設置されることになり、このインフラを活用した地域づくりが求められていた。そこで、二〇一〇年度から三年間、コミュニティFMを活用した地域づくりにつながる活動を担うことになった。

八女市の茶畑
傾斜地に広がる八女茶の畑（提供：福岡県八女市）

## (1) 八女市の概況[注14]

八女市は、福岡県の南部に位置し、北は久留米市、うきは市、広川町、西は筑後市、みやま市、南は熊本県、東は大分県との県境に接している。二〇〇六年一〇月に上陽町、二〇一〇年二月には黒木町、立花町、星野村、矢部村と合併した。総面積は四八三平方キロとなり、福岡県内では北九州市に次ぐ二番目に大きな市である。

東部には県内最高峰(標高一千二三〇メートル)の釈迦岳を擁し、それを源とした一級河川の矢部川、その水系の星野川の清流が市の中央を西に流れ、有明海に注いでいる。森林面積は三万一千七五七ヘクタールで、市の総面積の六六%を占めている。そのうち竹林が二千四六一ヘクタールを占め、全国でも最大級の面積を有している。

八女市は、肥沃な大地に恵まれ、古代から栄え、八女丘陵にはたくさんの古墳がある。そして、福岡県でも有数の農産物生産地帯でもある。八女茶は全国ブランドとして名高い。また、電照菊などの花卉、ぶどう、梨などの果樹、イチゴやなすなどの付加価値の高いさまざまな農産物が生産されている。さらに、福島地区や黒木地区には伝統的な町並みが残っており、江戸時代から続く仏壇、提灯、石燈籠、手すき和紙などの伝統工芸もある。

一九八五年の国勢調査では八万四千五五六人であった人口は、二〇〇〇年には七万六千六八九人、そして二〇〇五年の同調査では七万三千二六二人に減少している。また、年齢構成でみると、老年人口（六五歳以上）は一九八五年の一五・一％から二〇〇五年には二七・五％に増加している。

## (2) 八女市元気プロジェクト(一年目)の取り組み

八女市は、市町村合併に伴い、広大な面積、特に多くの中山間地域を有することになった。合併した旧市町村は、それぞれに異なった歴史や文化があり、重点施策も多様。そのため、市全体としての総合的な地域づくりをすすめていく必要性があった。また、従来まで利用されてきたオフトーク通信（電話回線を活用した地域情報放送サービス）や有線放送が廃止予定となり、二〇一〇年度に、市内全域に光ファイバーの整備を行った。そして、地域情報、特に行政（防災）情報の伝達手段としてコミュニティFMを活用することになった。今後は、これらのインフラを活用していかに魅力的な地域をつくっていくかが重要なポイントになる。そのため、福岡県の「個性ある地域づくり推進事業費補助金（ITを活用した中山間地域活性化事業）」の助成をうけ、八女市、九州テレコム振興センター（KIAI）[注15]、飯盛義徳研究室との共同によって、二〇一〇年度から三年間の予定で、「八女市元気プロジェクト」が立ち上がった（図表17）。

コミュニティFMについては、昨今、防災対策や商店街再生などの分野で、地域の問題解決につながる取り組みが次々と生まれている。例えば、新潟県柏崎市のＦＭピッカラ[注16]は、新潟県中越沖地震のときに、地震発生から四一日間に渡って二四時間体制の災害放送を行い、住民に勇気を与え、生活を支えた。また、群馬県桐生市のＦＭ桐生[注17]では、気軽に情報発信できるという特性を生かし、地域のさまざまな人と人とのつながりを紡ぎ、伝統産業再生のための数々の事業が展開されている。

そこで、八女市元気プロジェクトでは、コミュニティＦＭを活用して、八女市における人と人とのつながりを形成し、協働によって新しい活動などが芽生えるようなプラットフォームを設計、かつ構築することを主眼とした。そして、地域づ

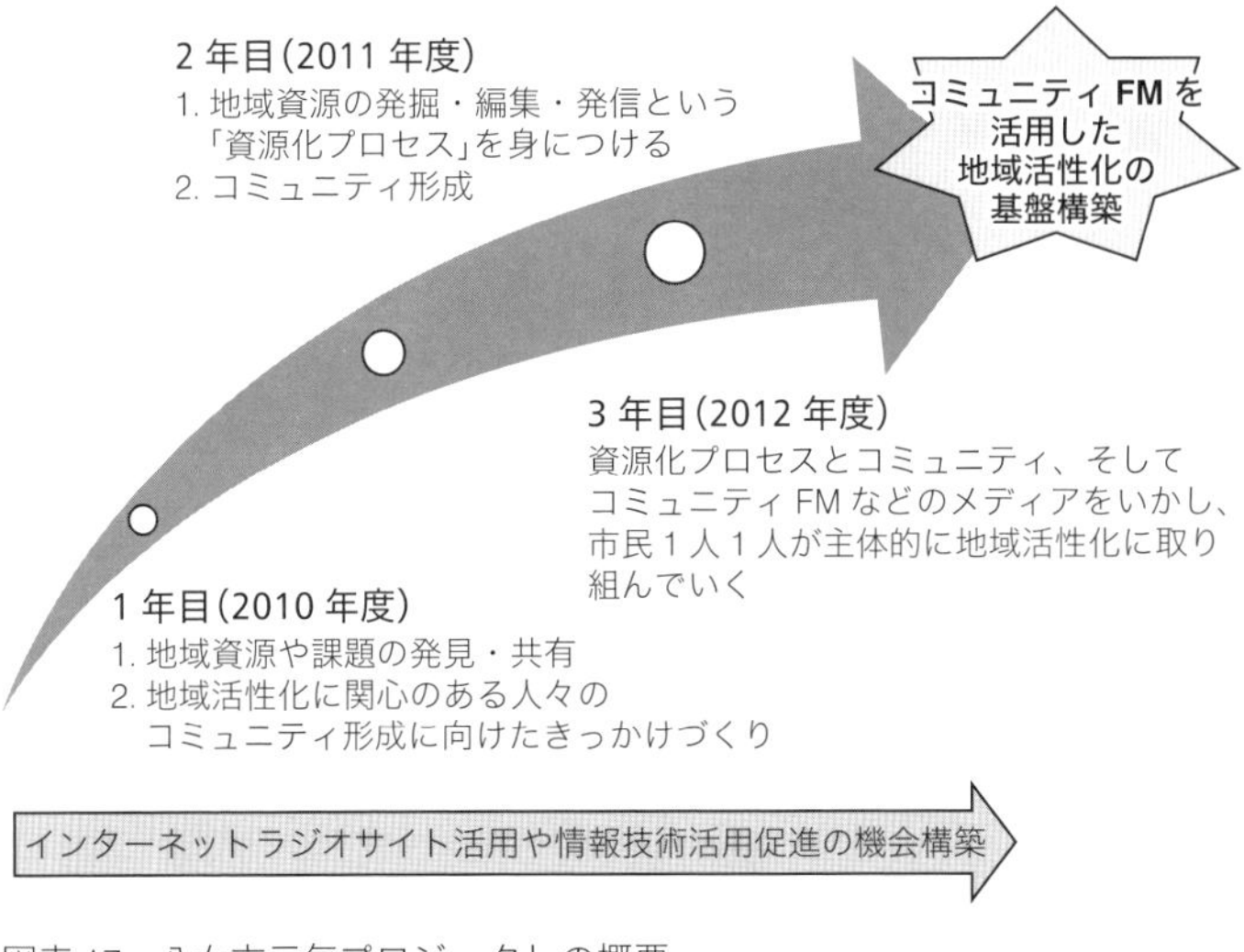


図表17　八女市元気プロジェクトの概要

くりの核となる人材を発掘、育成し、地域づくりに関心のあるコミュニティ形成を支援することを目指した。

まず、当時、博士課程の西田みづ恵氏が総括プロジェクトリーダーに就任し、企画運営全般を指揮することになった。九月に、飯盛義徳研究室の学生三四名で八女市を訪問し、地域の方々と一緒に八女市の魅力を発見し、問題解決提言を行う合宿を実施。

合宿にむけて、学生たちを八グループに分け、八女市の各旧市町村の情報を収集し、魅力や課題を分析した上で、キャッチフレーズを打ち出した。次に、全国各地のコミュニティFMの事例を調査し、運営に必要なポイントを議論した。このような事前学習をふまえた上で、福島地区や黒木地区の伝統的な街並みや、旧星野村の観光施設などのフィールドワークを実施。地域の方々と意見を交換し、産業や観光振興に関する問題解決のための提言を発表した。

学生たちからは、「事前に学習した内容と現地を直接訪問して感じたことのギャップが大きく驚いた。実際にフィールドにでないとわからないことが多い」という感想が寄せられた。そして、合宿後、八女市の活性化に情熱を傾ける七名の学生が集まり、八女市元気プロジェクトを主導することになったものだ。

二月には、旧市町村ごとにフィールドワークと地域づくりに関するワークショップを行い、地域活性化に関心のある方々が集い、議論するためのコミュニティ形成に挑んだ。また、実

八女市での合宿、フィールドワーク
八女市の街並みをくまなく歩いて、魅力、課題を見つけ出す。地域も世代も違う学生たちだからこそ気がつくこともある

験的インターネットラジオサイト「八女の話音」[注18]などを立ち上げ、二〇一一年度までに六六本のインターネットラジオコンテンツが公開されている（図表18）。

二〇一一年度は、前年度の成果をふまえた上で、さらに八女市の魅力を発見し、編集し、情報を外部に発信するための仕掛けづくりを目指した。そのために、参加する学生を大幅に増やし、ラジオチーム、若者チーム、ＩＴチーム、つながりチームの四チーム体制で臨むことになった。

ラジオチームは、コミュニティＦＭ開局に向け、主に情報発信をテーマにしたワークショップを行った。若者チームは、地域を担う若者を育成するため、ジュニアケースメソッド[注19]とインターネットラジオ（番組制作）ワークショップを実施。ＩＴチームは、情報発信のためのＩＴリテラシー向上を

図表18　八女の話音のサイト（http://www.kiai.gr.jp/yamegenki/index.html）

目的としたワークショップを開催した。そして、つながりチームは、地域を盛り上げる方々のコミュニティ形成を目指して、各地でフィールドワークを実行した（図表19）。

六月には、私が担当する大学院科目「地域情報化論」において、FM桐生取締役、NPO法人桐生地域情報ネットワーク理事長の塩崎泰雄氏の授業内講演を行った。授業の後、慶應SFCにて、八女市役所の職員や学生たちとコミュニティFM運営のポイントについて意見を交換した。また、八月、八女市において塩崎氏の講演会を開催。さらに、コミュニティFMをいかした地域づくりの実

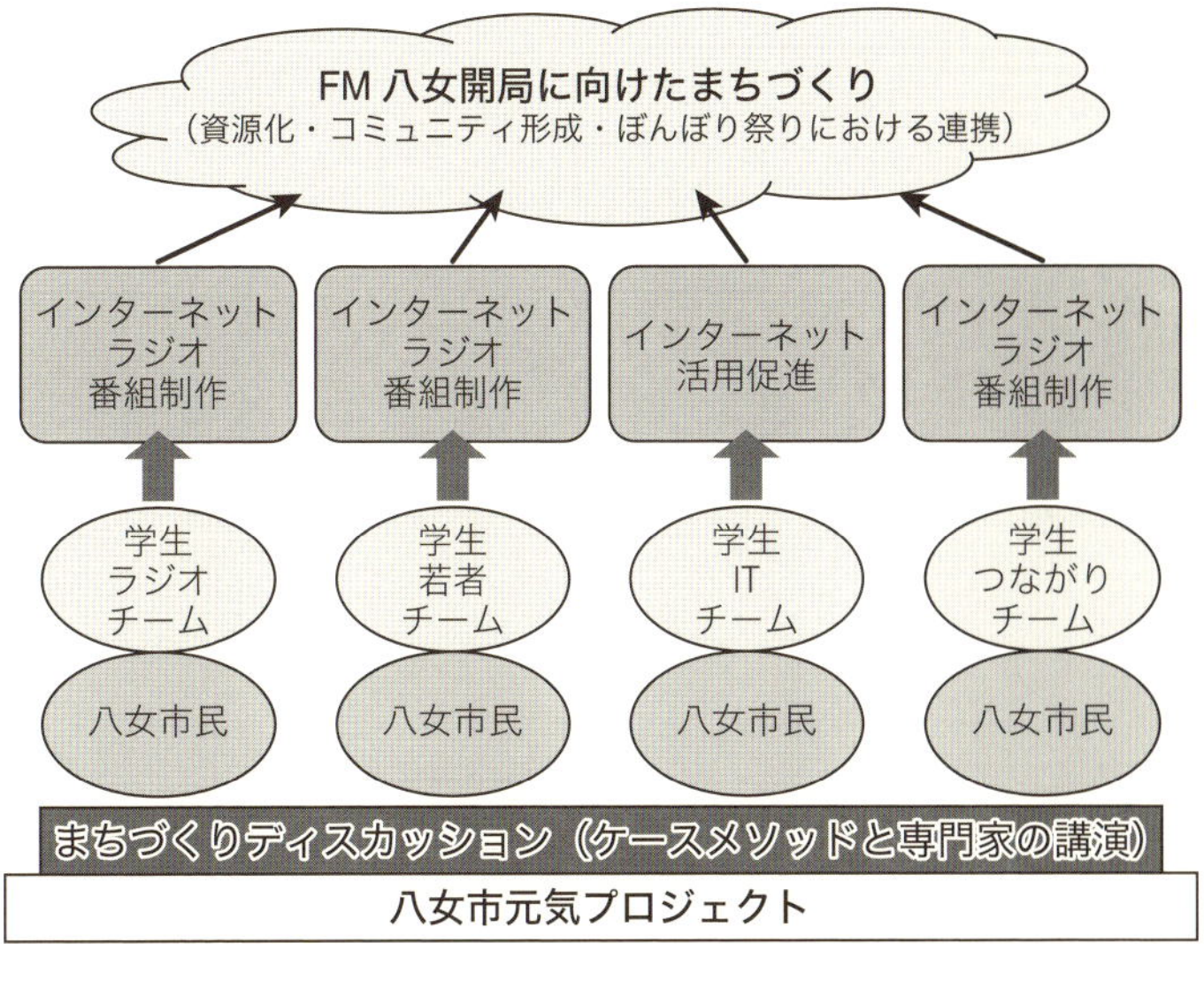


図表 19　八女市元気プロジェクトの推進体制（出所：飯盛義徳研究室（2012）、p. 9）

践に重要なポイントを学ぶために、ケースメソッドを活用した「疑似体験まちづくりディスカッション」講座を三回実施した。最終回には、ＦＭ桐生の運営に関するケースディスカッションを行い、塩崎氏、ＦＭ桐生パーソナリティの小保方貴之氏にも参加してもらい、現場の実情に則した意見交換を行い、具体的な推進策を全員で検討した。

二〇一二年三月、伝統的町並みをいかした「雛の里・八女ぼんぼりまつり」において、地域の方々と学生が各々の活動成果を発表する「八女の話」を企画、実行した。学生たちは祭りの運営にも参加し、よそ者である学生たちが地域の方々と渾然一体となってプロジェクトを推進した。

八女市での活動の詳細については、八女市元気プロジェクトのページに最終報告書が公開されているので参照いただきたい[注20]。

二〇一二年六月一日の「電波の日」に、八女市が中心となってＦＭ八女は開局した。資本金は三〇〇万円。スタジオは、八女市役所黒木総合支所二階にある。一二月一五日一八時から二四時までの六時間の放送枠をいただいた。学生たちはもちろん、これまで関わりのあった、地域の人々、地元の学校の生徒にも協力してもらい、オープニング、エンディングを含め、七つの番組から構成された「八女市元気プロジェクト特別番組」を放送した。

## (3) 新しい活動の誕生

二〇一二年度には、八女市元気プロジェクトに参加して学生たちと活発に意見交換をした地域の人々が中心となって、FM八女を応援するグループが自発的に立ち上がった。そして、二〇一三年度には、これらの活動の中から市民パーソナリティが生まれた。八女市の魅力を自ら見いだし、FMで発信する。そして身近な人が出演することで、地域の人々の関心が高まり、人と人とのつながりが醸成されている。

また、「FM八女 80.1 MHz」というリスナーとパーソナリティが

雛の里・八女ぼんぼりまつりの様子
地域の人々、八女市元気プロジェクトの学生メンバーが自主的に参加。プロジェクトの内容も紹介した

交流できる Facebook グループページが立ち上がり、活発に意見交換がなされている。FM八女に対する地域の人々の関心を高め、番組への参加の頻度や聴取率を向上させることを目指している。さらに、「FM八女リスナー&パーソナリティリアル交流会」も開催されている。

このような成果がもたらされた理由は、大学が媒介となって地域に新しいつながりが形成されたからであろう。地域・大学連携のプロセスにおいては、地域も世代も違う学生たちが多数訪問する。学生たちを受け入れるためには、フィールドワークの内容を検討し、参加者、宿などの手配が必要。この準備

収録の様子
本番前の打ち合わせ。学生たちとともに、地域の人々も番組に登場した。まさに、地域密着の FM（提供：木口恒氏）

段階のプロセスで、地域の人々や組織との新しいつながりが形成され、地域の魅力を見つめ直すきっかけにもなる。

また、八女市元気プロジェクトでは、学生たちが主役ではなく、あくまで地域の人々が中心であり、学生たちが媒介となって次々と新しいつながりを形成していくことで、何らかの活動を実現してもらいたいという思いが貫かれていた。これは、飯盛義徳研究室の全ての研究プロジェクトに共通のテーマでもある。

八女市元気プロジェクトに参加した中心メンバーの一人である椿原淳氏は、外部から来た若い人たちがこれほどまでに八女市のことを考えてくれたことが、地域の人間として刺激になったという。そして、活動は楽しく、元気をもらえ、地域の人々との間で横のつながりができたことが成果だと語っている。学生たちが八女市の各地を駆け回り、いろんな人材を発掘し、出会わせてくれたことが大きいそうだ。

学生たちを受け入れた八女市役所市長公室の井手東一郎氏も同じように、学生たちが地域に入ることで、今まで地域づくりに参加したことがなかった人たちも何かの活動に加わるようになり、新しいつながりが構築できたことが成果だと強調する。そして、大学を受け入れる際に気をつけたこととしては、行政があまり前に出すぎず、学生や地域の人々に思い切って任せることが肝要だという。そのために、参加者同士が忌憚なく意見を交換できる雰囲気づくりが求められると語っている。地域・大学連携におけるプラットフォーム設計のヒントとなる言葉だ。

このように、八女市元気プロジェクト推進のプロセスにおいて、まずは、八女市の資源を再認識し、FM八女を中心として人や組織のつながりを形成し、FM番組を活用した情報発信、共有が実践されており、資源化プロセスに沿った展開がなされているといえよう（図表20）。

八女市は、合併によって、地域アイデンティティ、つながりの形成が求められていた。FM八女を核として、地域の人々が主体的に取り組む活動は、これからますます活発に展

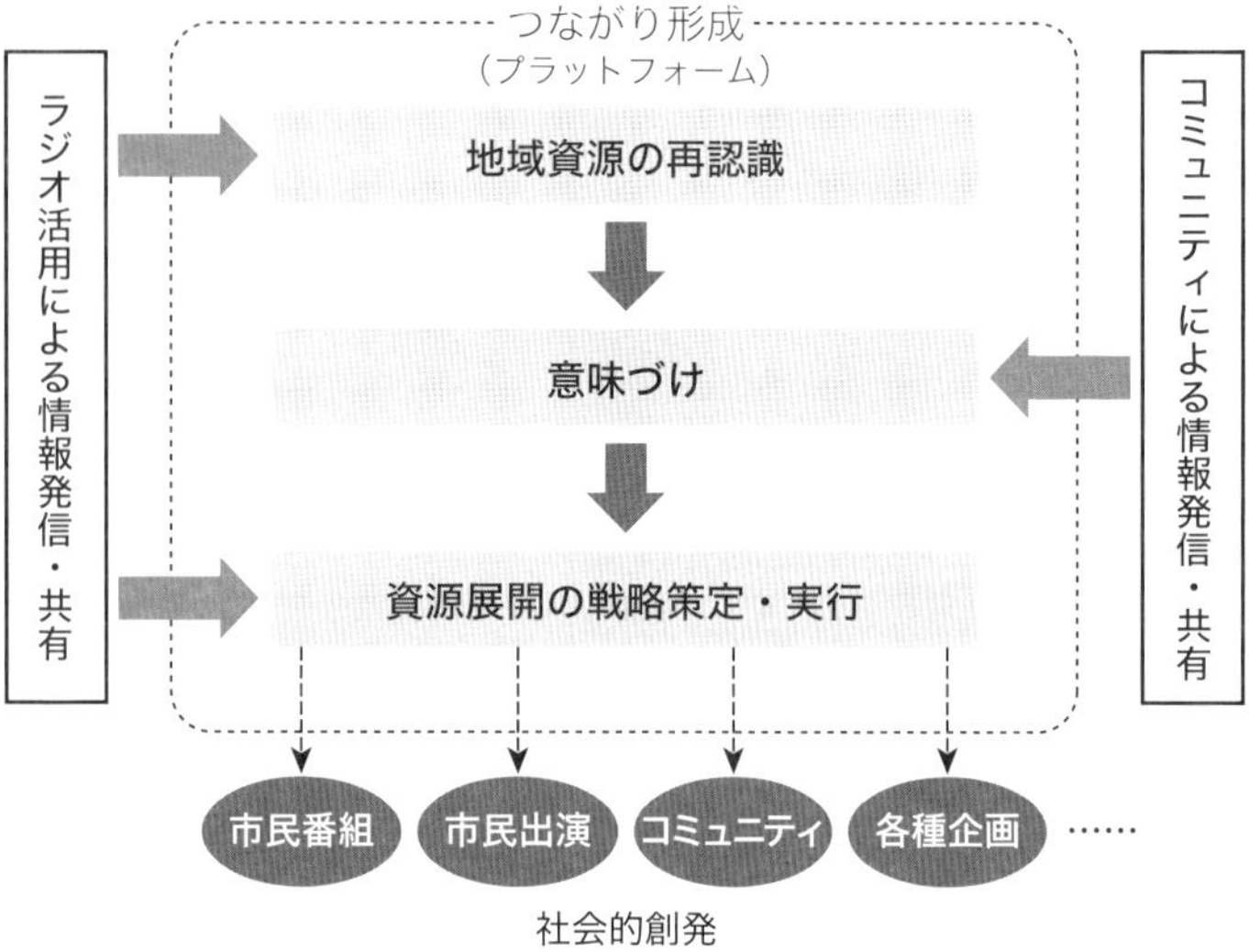


図表20　八女市元気プロジェクトと資源化プロセス
（出所：飯盛義徳研究室（2012）を改編）

開されていくと期待している。

## 4　本山町まちかつプロジェクト[注21]——よそ者の視点とまちなか再生

「こんなにすごい棚田を見たのははじめてです。緑の絨毯を敷いた階段みたいです」。高知県本山町の山々の両面にまたがる、広大な棚田を見た学生がこう感嘆の声をあげた。林業が主要な産業であった本山町。かつて大勢の人々で賑わった中心市街地は衰退の一途であった。中心市街地で交流人口を増やしたい、その具体策を企画実践するために、二〇一二年度から本山町まちかつプロジェクトが立ち上がった。

### (1) 本山町[注22]の概況

高知県本山町は、高知市北部、四国のほぼ中心部の嶺北地区にある中山間地域。人口は約三千八〇〇人。壮麗な山並み、碧水が流れる汗見川などの自然に囲まれて、「日本で最も美しい村」連合にも加盟している。

近年交通の便がよくなり、高知自動車道の大豊インターチェンジから市街地まで約一五分

本山町の棚田の風景
向かい合った山々の両面に棚田が広がる（提供：高知県本山町）

の距離にある。主要産業は、林業、農業であり、室戸海洋深層水のにがりを使って生産した棚田米「土佐天空の郷」は、二〇一〇年度、お米日本一コンテストで最優秀賞を受賞した。この米が栽培されている棚田の近くには、クラインガルテン（kleingarten：移住促進などを目的とした滞在型市民農園）も完成した。

また、バイパス沿いには農産物直売所「本山さくら市」が開設。「花まつり」「棚田体験」などの各種イベントも活発に繰り広げられて、年間を通じて多くの人々が来訪するようになった。

一方、かつて林業が最盛期のころに栄えた本山町の中心市街地（まちなか）は衰退し、ほとんどの商店は移転するか撤退のやむなきに至っていた。今でも、まちなかには、文化を感じられる街並み、伝統ある宿や商店などが随所に残っている。

高齢化がすすむ中で、これらの資源をいかしてまちなかを再生させることが、本山町全体の活性化につながるという思いを地域の人々は持ち続けていた。

### (2) 本山町まちかつプロジェクトの取り組み

そこで、まちなか再生に立ち上がったのが、町内の商工・農林業関係者、ぼうむ合同会社の社員、役場職員など約一〇名。そして、二〇一二年度、「本山町まちかつプロジェクト」が

クラインガルテンのある風景
本山町。奥に棚田が見える

中心市街地の様子
まちなかの建物の一部。すぐ近くに、昭和初期に創業した高知屋旅館がある

スタートした。

二〇一三年度には、飯盛義徳研究室、高知短期大学梅村仁研究室が共同で参加し、「本山町まちかつプロジェクト2」に進化した。[注23] 日ごろからその地で生活し、何もかも見慣れているはずの地域の人々だけでは、何が資源となりうるのか、どのように資源として展開していくのかを検討していくことは難しい場合もある。そこで、地域も世代も違う大学生や、各地で活躍している専門家などの外部人材を迎え入れ、一緒になってまちなかのフィールドワークやワークショップなどを実施。資源を見きわめ、課題を発見して、解決策を練って、実現可能性があり、かつユニークなプランを提示し、地域の人々が主導する何かの実践につなげていくことを目指した。

プロジェクトの推進体制は、私が総責任者を務め、梅村仁教授が共同責任者。専門家として、欧州の地域政策、スローシティ（cittaslow）などの研究者である、オックスフォード大学博士課程の張希実子氏、第3章でも紹介した建築家の西村浩氏が参画した。学生メンバーは、慶應義塾大学五名、高知短期大学五名が参加。また、アドバイザーとして、慶應義塾大学SFC研究所上席研究員（訪問）の伊藤妃実子氏も加わった。

まず、二〇一三年八月一六日〜一七日、本山町の人々八名、大学生、教員で、まちなかやバイパス沿い、棚田などをフィールドワークして、本山町の現状を再認識して、地域資源を確認するワークショップを開催した。ここでは、まちなかの大切さ、価値を全員で共有した。九月二七日～二八日は、「スローシティから学ぶ〝まち〟のあり方」と題して、張氏を招いて、欧州の小さな地域の取り組みについて面白い事例を紹介してもらいながら、本山町のまちなか再生の方向性を徹底的に議論した。

一〇月三一日～一一月一日に実施された第三回プロジェクトでは、西村氏に各地のまちなか再生の事例を紹介してもらいながら、成功要因を議論するワークショップを実施。その後、実際にまちなかを存分に歩いてまわって課題を抽出し、どのような再生策があり得るのかを徹底的に討議した。そして、全員でまちなか再生提言を作成した。

その後、地域の人々、学生たちは、遠隔テレビ会議システムを活用して、何度も意見交換、進捗確認などを行った。そして、一二月二〇日、地域の人々、学生たちが三グループに分かれて、それぞれ三つのまちなか再生事業プランを発表した。概要は以下のとおりである。

グループ①：東光寺[注24]を中心とした本山町元気プロジェクト
　東光寺でイベントを実施し、地域内外の人々は集い、まちなかで交流

グループ②：「天空の郷もとやま」で見つける季節の一枚
　さまざまな資源を写真撮影することで、まちなかと棚田や清流等を回遊させる仕組み

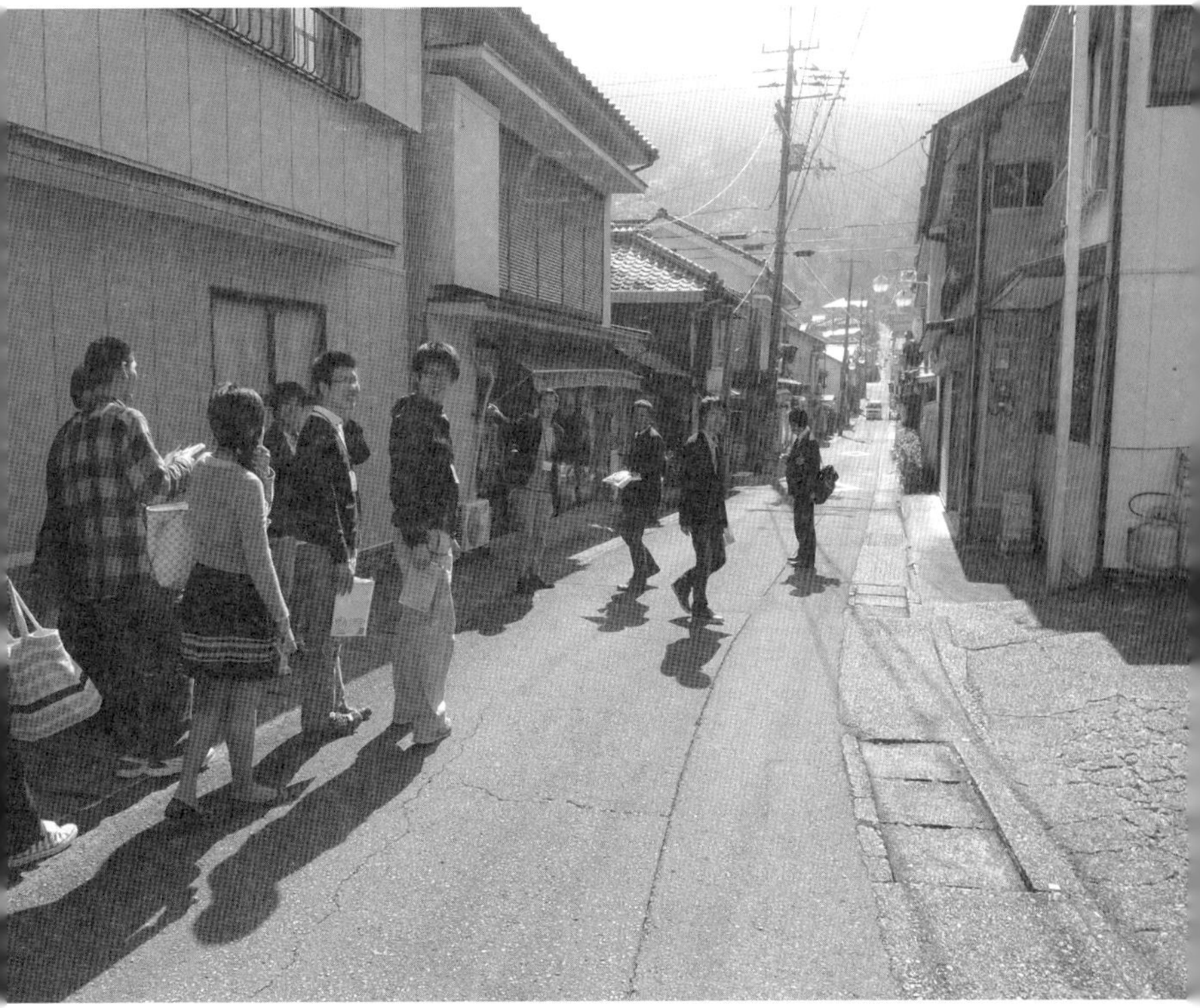

まちなかフィールドワークの様子
専門家も交えたフィールドワーク。このあと、まちなか再生プランの作成を行った

グループ③：川の家・山の家を使った市街地活性化

清流や棚田を資源とし、活動拠点「川の家・山の家」で資源の情報を発信

全て、地域の人々は気がつかなかったが、学生たちには面白いと思える資源を中核にして、それを発信していくことでまちなかに人を呼ぼうとするアイディアばかりだ。例えばグループ①で取り上げた東光寺。街を見下ろす風景が美しく、学生たちには、東光寺こそがまちなかの貴重な資源と映ったのである。

そして、これらの資源をいかす年間を通しての活動計画が地域の人々主導で生まれた（図表21）。

このうち、これらの提言をもとに、合同会社ばうむによって、東光寺でのイベント用の竹灯籠が開発された。

また、「汗見川ふれあいの郷　清流館」にて情報発信イベントが開催され、集客一万三千人以上を達成するほど賑わった。

現在、本山町では、これらの提言をさらにまちなか再生につなげていくべく、いくつかの手立てを講じている。一つは、「美しい村もとやま」キャンペーン。これは、棚田やブランド米、清流館とまちなか再生を連動させるもので、資源を発信し、まちなかに来訪客を誘導することを目指している。

図表21　まちかつプロジェクトの今後の活動計画

| | 春 | 夏 | 秋 | 冬 |
|---|---|---|---|---|
| まちなか | 街歩きで花と<br>歴史を楽しむ | まちなかで<br>土佐あかうし<br>バーベキューラリー | 東光寺<br>秋の名月と<br>俳句を楽しむ会 | 雪の城山で<br>本山氏の<br>歴史を辿る |
| 棚田 | 天空の棚田<br>田んぼアート | 天空の棚田<br>棚田コンサート | 天空の棚田<br>大収穫祭 | 雪積もる棚田で<br>猪鍋パーティ |
| 清流汗見川 | 汗見川ほのぼの<br>岸ツツジツアー | 汗見川<br>チャレンジ<br>川ガキ決定戦 | 秋の紅葉と<br>そばの収穫祭 | 年越し手打ち<br>そばとどぶろくを<br>楽しむ会 |
| | 写真コンテスト | | | |

（出所：高知県本山町（2014）、p. 33）

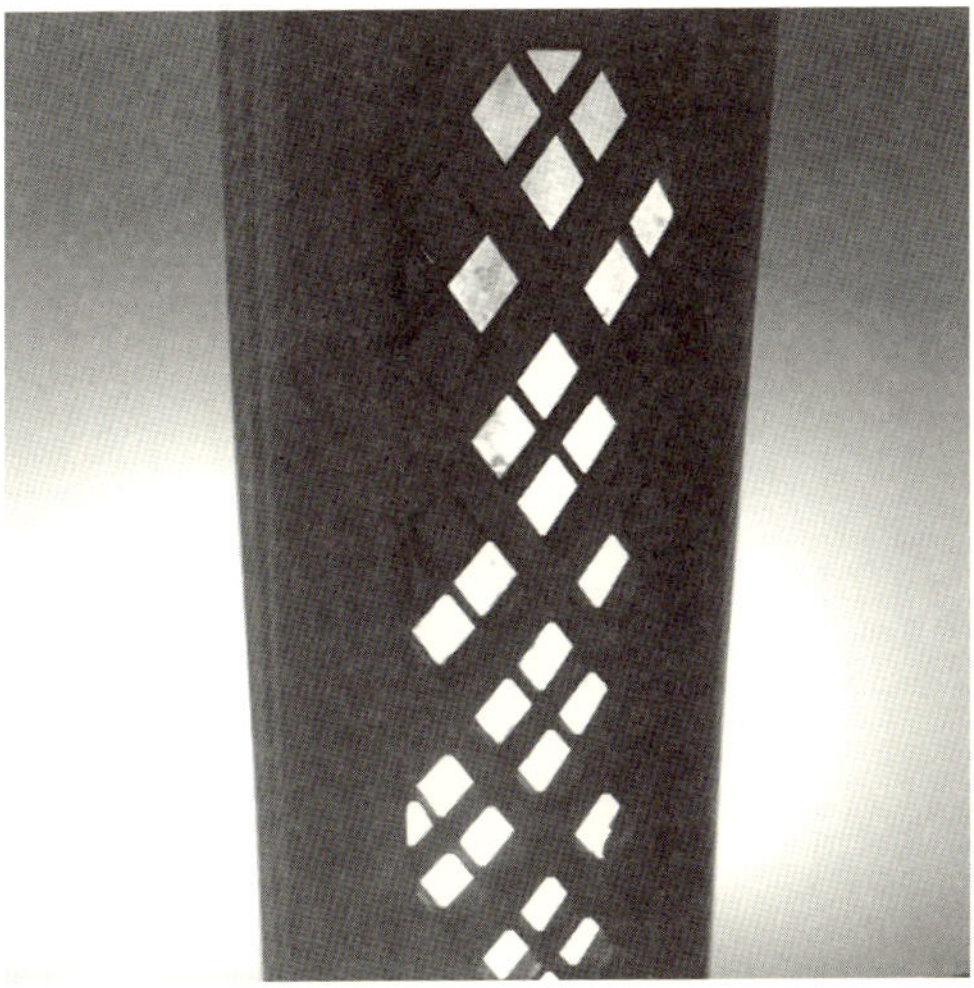

提言をもとに開発された竹灯籠
竹を使って、東光寺プランに使用する灯籠を試作
（提供：合同会社ばうむ）

まちなかに愛着をもってもらい、空き家や空き店舗を活用して、地域の人々自ら集いの居場所づくりを行う、「住民が蘇らせる集いの場　もとやま」キャンペーンもはじまった。今、そのための候補地を検討しているところだ。

本山町まちかつプロジェクト2において、大学は、地域の資源化プロセスのうち、主として地域資源の再認識のフェーズで役に立ったといえる。もう一つ着目したいのは、大学と専門家とのつながりだ。今回、大学が関わったからこそ、専門家を招聘し、その知をいかすことができたと考える。

## 5　尾鷲市元気プロジェクト[注25]——地域主導の活動促進

尾鷲市といえば、熊野古道、ヒノキというキーワードが思い浮かぶ。東京からは、新幹線を名古屋で乗り換えて約五時間。行ってみると、山の幸だけでなく、天然の良港に恵まれて、海の幸が豊富であることを実感する。リアス式海岸沿岸の四地区に赴き、地域の魅力や課題を認識し、地域主導による何かの活動を生み出すことを目的として、二〇一二年度から尾鷲市元気プロジェクトはスタートした。

尾鷲市（三木浦町）の集落の風景
リアス式海岸に家が密集している（提供：尾鷲市）

## (1) 尾鷲市の概況[注26]

尾鷲市は、三重県の南部地域に位置し、三方を山に囲まれ、西は奈良県に接し、東は太平洋（熊野灘）に臨んでいる。

面積は一九三平方キロ（二〇〇五年一〇月一日現在）。面積の約九〇％が山林であり、沿岸部には複雑に入り組んだリアス式海岸が形成され、浦々には天然の良港がある。山間部は、世界遺産の熊野古道伊勢路が通り、二〇〇七年、向井地区に三重県立熊野古道センターが完成した。

温暖な気候、地形の影響もあり、全国でも有数の多雨地域として有名で、年間降水量は四千ミリ以上を記録している。山林で育まれている「尾鷲ヒノキ」は、良質な木材として全国的なブランドとして定着している。また、マダイの生産量も全国上位を占め、古くから漁業、林業が盛んな地域として栄えてきた。

尾鷲市の人口は、一九七五年には三万一千七九七人を数えたが、年々減少し、二〇〇五年には約二万二千人となっている。尾鷲市の人口のうち、八割以上が旧・尾鷲町に集中しており、沿岸部、山間部では過疎化、高齢化が進展している。そのため、三重県では、二〇一二年度から一〇年先を見据えた長期の戦略計画である「みえ県民力ビジョン」を提示し、その中で、市町と連携し「南部地域活性化プログラム」を策定し、主として若者が働き、定住できる仕組みを戦略的に構築することを目指している。

## (2) 尾鷲市元気プロジェクトの取り組み(一年目)

尾鷲市元気プロジェクトでは、学生との交流、意見交換を通して、地域の人々自らが主役となり、地域の資源を発掘し、問題解決につながる活動を生み出す仕組みをつくることを主眼とした。そのための大切なポイントは、地域の人々と学生たちがともに対等な立場で地域の資源を再認識し、課題を解決するための実現可能な具体策を議論していくプロセスにある。このような活動の中で新しいつながりが形成され、地域をどのように元気にしていくのか意味づけが行われ、一体感が芽生えていくと期待できるからである。

尾鷲市の沿岸部の四地区(九鬼町、早田町、三木浦町、三木里町)では、さらに過疎化がすすんでいた。そこで尾鷲市元気プロジェクトでは、学生との交流を通して、地域の人々が主役となって、地域の未来を考え、いろいろな行動を生むきっかけをつくりだしていくことを目的として活動をスタートした。また、四地区でプロジェクト活動を実践することにより、競争と協調の相乗効果が生まれることも期待した。

まず、二〇一二年七月一〇日、尾鷲市をテーマに夏合宿勉強会を実施。まず初めに合宿でインタビューを行う際に工夫する事、注意する点をグループで話し合い、全体で共有した。

その後四地区に二グループずつ、計八グループに分かれ、尾鷲市役所から送付してもらった各種資料やインターネットでデータを収集し発表を行い合宿に向けての予備知識を全員で共有した。

インターネットで収集できる尾鷲市四地区の情報量は非常に少なく、外部の人が何かを調べようと思っても十分な情報を入手できない現状であることが判明した。背景として、やはり高齢化が進展しており、これらの地区の魅力が十分に発信されていないということが議論された。その後、事前学習の範囲内で、四地区の魅力、課題を抽出し、今後の展開案を各グループで作成した。

そして、九月五日から七日まで、これらの四地区を訪問。地域の課題発見・解決のための合宿を実施した。参加者は、飯盛義徳研究室の学生三四人、地元の三重大学地域戦略センターの学生五人、名城大学学生一人、慶應義塾大学の教員、尾鷲市職員、三重県職員。そして、四地区それぞれに学生たちが入り込み、地域の資源や課題を見出すためのフィールドワークや、地域の人々とのワークショップを実施した。

地域の人々と真摯に意見を交換し、まずは全員で課題を抽出。その後、解決策を提示していった。

その結果、以下のように、情報発信や地域独自の食の振興、自然体験型観光など、各地区

フィールドワークの様子
学生たちは、4地区に分かれ、それぞれの地区の人々とフィールドワークを行い、提言を作成した。海に出るグループもあれば、山林を巡ったグループもあった。山海の資源が豊富なことと、風格のある地域であること、インターネットやパンフレットで学んだ事前の知識と現地とのギャップがあることを体感した

ワークショップの様子
地域の人々と真摯に意見を交換し、まずは全員で課題を抽出。その後、解決策を提示していった

図表 22　各グループの提言内容

| | 課題 | 解決策 | 具体的内容 | 効果 |
|---|---|---|---|---|
| 九鬼① | 若者不足 | かわら版を web に公開 | 外部への情報発信 | 九鬼の現状を地域外の九鬼出身者に発信 |
| 九鬼② | 若者不足 | カヌー作り | 地域資源を利用し外部の人に発信 | 新規九鬼ファンの獲得 |
| 早田① | 人口減少 | 早田「食」体験ツアー | 外部の人に発信 | 早田ファンの獲得 |
| | 何らかの事業実践の必要性 | | 無理なく楽しむ活動 | 地域経済への貢献 |
| 早田② | 住民参画 | 町民まちづくり企画コンテスト | まちづくりに対して自ら考えるきっかけづくり | 住民の自主性の構築 |
| 三木里① | 人材発掘不十分 | 三木里とくいトレード | 自分が得意なことを登録し人に提供 | コミュニティ醸成、「とくい」の発掘、ノウハウ蓄積 |
| 三木里② | 外部との関わり不足 | 撮ろうよ！三木里 | 写真のコンテンツを三木里独自のホームページで公開 | 外部との関わりを構築 |
| | 自発的に活動する人の不足 | | | 交流により地域住民のやりがいを獲得 |
| 三木浦① | 外部からの若者流入不足 | 三木浦に泊まろう！ | 小学生や大学生（水産学部、こども科）を対象とした宿泊体験 | リピーター（若者）の獲得 |
| | 情報発信不足 | イワタシュラン | 尾鷲産の商品を申請し岩田市長の似顔絵のついた認定マークを貼付 | 宣伝効果、価値の可視化 |
| 三木浦② | 雇用不足 | ダイビング事業 | 漁師の副業としての事業を実施 | 定年後でも稼げる仕組みづくり、漁業に付加価値を付与 |

（出所：飯盛義徳研究室（2013）、p. 13）

の自然環境や状況に応じた提言が生まれた（図表22）。

そして、最終日には、地域の人々にも参加してもらい、市長臨席のもと、全員で提言発表会を開催した。その中で、これからの各地区の方向性について活発な議論が繰り広げられた。

### (3) 二〇一三年度（二年目）の取り組み

二〇一三年度は、各地域の課題を再確認し、その解決に向けて何らかの実践をスタートさせることを目指した。

まず、各地区内で、このプロジ

提言発表会の様子
学生たちは、ほぼ徹夜して、町ごとの提言をまとめ、発表した。会場には、地域の人々が応援団として参加。学生たちに大きな声でエールを送っていた

尾鷲学生新聞

# 三木里の活動計画書を公開

学生と住民の皆さんで話し合い、今年度の活動計画を立てました。順番に、４地区における活動の具体的な内容を、この尾鷲学生新聞に掲載していきます。今回は三木里の計画書です。

みんなで集めよう伝統料理！
みんなでつなげよう三木里の輪！

【活動内容】
季節を感じる
三木里料理のレシピ本作成

三木里らしい料理を集めたレシピ本を作ります。カレンダーのように季節ごとに区切り、各季節の行事なども載せていきます。

＜本について＞
*A5サイズの冊子
*住民の皆様全員に配布

＜載せるレシピ＞
例えば…
4月　イタドリ
5月　蕗
6月　梅、しそ、山もも
通年　魚ごはん、まぜ寿司

【目的】
レシピ本をきっかけに
新しいつながりをつくる。

*本をつくる過程でお互いにより深く知るようになる。
*本をきっかけにあまり話したことのなかった人と話す。
*本をきっかけに気軽に集まってみる。

レシピ本を通して
このような「新しいつながり」を
生み出していきます。

＜話し合いの様子

【スケジュール】
9月　レシピ本の中身を最終決定
↓
10月　レシピを取材して集めて、文字に起こす
↓
11月　本をまとめる（最終調整）
↓
印刷業者に発注
↓
12月　全戸配布を行う

【学生紹介】
津福　和加子
（つぶく　わかこ）
『この本をきっかけにまちの笑顔が増えれば良いなと思います！』

瀧　聡志
（たき　さとし）
『三木里に惹かれて、毎回行くのが楽しみです。ぜひ一緒に活動しましょう！』

レシピ本タイトル
三木里のうまいもん料理カレンダー（仮）

尾鷲学生新聞
第5号
8月23日作成
発行元

尾鷲市元気プロジェクトは、住民の方と学生たちが、まちをより元気にするためにどうすればよいか話し合いをする事業です。今年度は昨年度から発展し、ただ話をするだけではなく、まちを元気にする具体的な活動にチャレンジしながら、話し合いを進めていきます。尚、本事業は、三重県から慶應義塾大学飯盛義徳（いさがいよしのり）研究室への委託事業です。当新聞は、本プロジェクトの活動報告、住民の方々へのメッセージを発信するために、発行しています。

尾鷲学生新聞に関するお問い合わせは、慶應義塾大学飯盛研究室 尾鷲市元気プロジェクト統括の西田まで

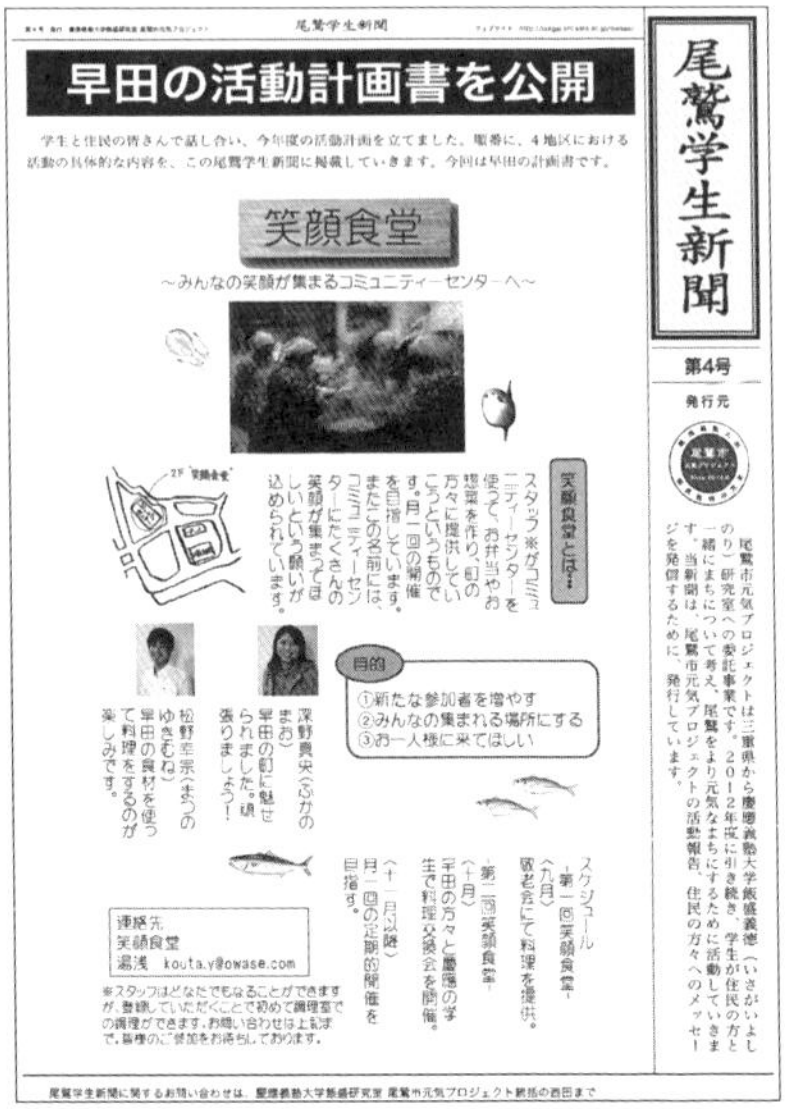
尾鷲学生新聞

# 早田の活動計画書を公開

学生と住民の皆さんで話し合い、今年度の活動計画を立てました。順番に、４地区における活動の具体的な内容を、この尾鷲学生新聞に掲載していきます。今回は早田の計画書です。

笑顔食堂
～みんなの笑顔が集まるコミュニティーセンターへ～

2F "笑顔食堂"

笑顔食堂とは…
スタッフ※がコミュニティーセンターを使って、お弁当やお惣菜を作り、町の方々に提供していこうというものです。月一回の開催を目指しています。
またこの名前には、コミュニティーセンターにたくさんの笑顔が集まってほしいという願いが込められています。

目的
①新たな参加者を増やす
②みんなの集まれる場所にする
③お一人様に来てほしい

スケジュール
-第一回笑顔食堂-
〈九月〉
敬老会にて料理を提供。
-第二回笑顔食堂-
〈十月〉
早田の方々と慶應の学生で料理交換会を開催。
〈十一月以降〉
月一回の定期的開催を目指す。

深野真央（ふかのまお）
早田の町に魅せられました。頑張りましょう！

松野幸宗（まつのゆきむね）
早田の食材を使って料理をするのが楽しみです。

連絡先
笑顔食堂
湯浅　kouta.y@owase.com

※スタッフはどなたでもなることができますが、登録していただくことで初めて調理室での調理ができます。お問い合わせは上記まで。皆様のご参加をお待ちしております。

尾鷲学生新聞
第4号
発行元

尾鷲市元気プロジェクトは三重県から慶應義塾大学飯盛義徳（いさがいよしのり）研究室への委託事業です。２０１２年度に引き続き、学生が住民の方と一緒にまちについて考え、尾鷲をより元気なまちにするために活動していきます。当新聞は、尾鷲市元気プロジェクトの活動報告、住民の方々へのメッセージを発信するために、発行しています。

尾鷲学生新聞に関するお問い合わせは、慶應義塾大学飯盛研究室 尾鷲市元気プロジェクト統括の西田まで

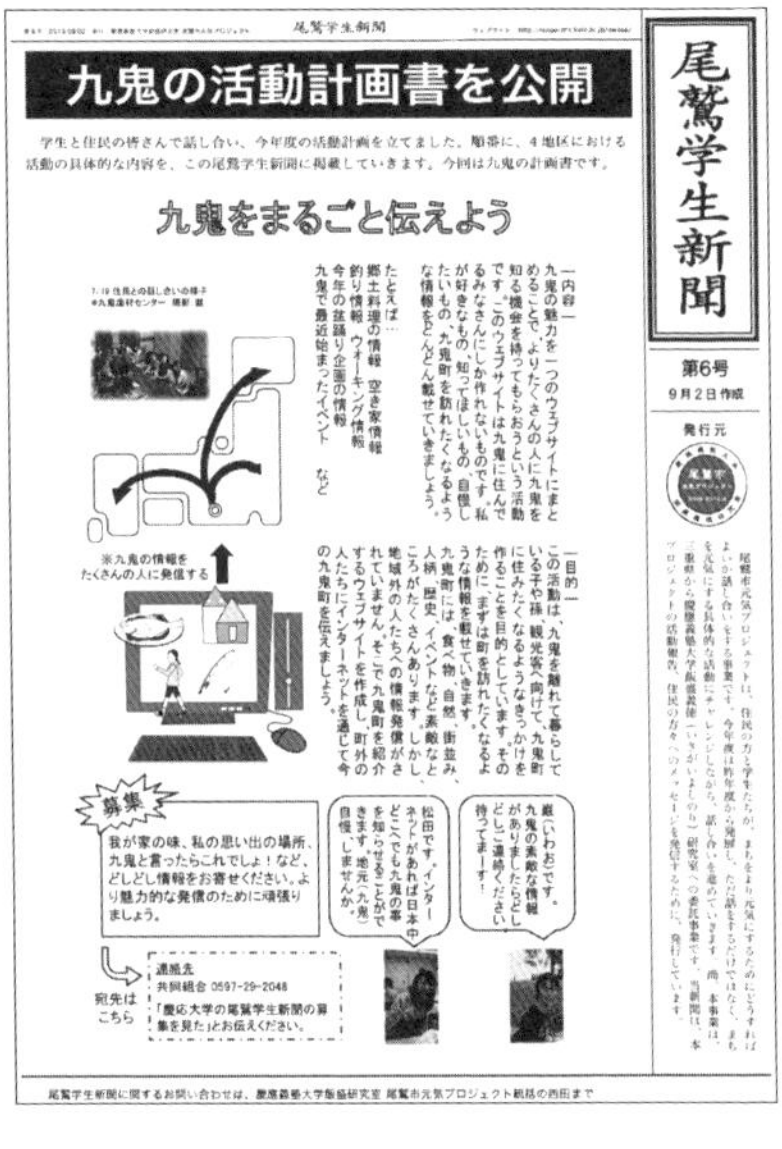
尾鷲学生新聞

# 九鬼の活動計画書を公開

学生と住民の皆さんで話し合い、今年度の活動計画を立てました。順番に、４地区における活動の具体的な内容を、この尾鷲学生新聞に掲載していきます。今回は九鬼の計画書です。

九鬼をまるごと伝えよう

7/19 住民との話しあいの様子
※九鬼漁村センター 撮影 瀧

※九鬼の情報を
たくさんの人に発信する

―内容―
九鬼の魅力を一つのウェブサイトにまとめることで、よりたくさんの人に九鬼を知る機会を持ってもらおうという活動です。このウェブサイトは九鬼に住んでるみなさんにしか作れないものです。私が好きなもの、知ってほしいもの、自慢したいもの、九鬼町を訪れたくなるような情報をどんどん載せていきましょう。
たとえば…
郷土料理の情報　空き家情報
釣り情報　ウォーキング情報
今年の盆踊り企画の情報
九鬼で最近始まったイベント　など

―目的―
この活動は、九鬼を離れて暮らしている子や孫、観光客へ向けて、九鬼町に住みたくなるようなきっかけを作ることを目的としています。そのために、まずは町を訪れたくなるような情報を載せていきます。
九鬼町には、食べ物、自然、街並み、人柄、歴史、イベントなど素敵なところがたくさんあります。しかし、地域外の人たちへの情報発信がされていません。そこで九鬼町を紹介するウェブサイトを作成し、町外の人たちにインターネットを通じて今の九鬼町を伝えましょう。

募集
我が家の味、私の思い出の場所、九鬼と言ったらこれでしょ！など、どしどし情報をお寄せください。より魅力的な発信のために頑張りましょう。

宛先はこちら
連絡先
共同組合 0597-29-2048
「慶応大学の尾鷲学生新聞の募集を見た」とお伝えください。

松田です。インターネットがあれば日本中どこへでも九鬼の事を知らせることができます。地元（九鬼）自慢、しませんか。

巖（いわお）です。九鬼の素敵な情報がありましたらどしどしご連絡ください。待ってまーす！

尾鷲学生新聞
第6号
9月2日作成
発行元

尾鷲市元気プロジェクトは、住民の方と学生たちが、まちをより元気にするためにどうすればよいか話し合いをする事業です。今年度は昨年度から発展し、ただ話をするだけではなく、まちを元気にする具体的な活動にチャレンジしながら、話し合いを進めていきます。尚、本事業は、三重県から慶應義塾大学飯盛義徳（いさがいよしのり）研究室への委託事業です。当新聞は、本プロジェクトの活動報告、住民の方々へのメッセージを発信するために、発行しています。

尾鷲学生新聞に関するお問い合わせは、慶應義塾大学飯盛研究室 尾鷲市元気プロジェクト統括の西田まで

尾鷲学生新聞（一部）
月に１回は、「尾鷲学生新聞」を発行。４地区のプロジェクト参加者は高齢の方が多く、SNSやメールなど情報技術を活用した情報共有、発信が難しいと判断した。そのため、新聞を発行して、各戸に配布したり、地区の掲示板に貼り出して、多くの人々に関心をもってもらえるように工夫した

エクトに対する認知度を高め、お互いの活動をしやすくし、各地区の人々と学生とのコミュニケーションをさらに促進する必要があった。ワークショップには、地区の区長や自治会長、地域づくりに関心がある人々が集まってくれるが、地域づくりでは、関心がない人々でさえ一緒になって何かの活動をする必要がある。そこで、学生たちは、「尾鷲学生新聞」を年間一〇号発行し、各地区全戸に配布した。

そして、各地区の人々が主体となって、ＰＤＣＡサイクルを確立しながら、着実に何かの新しい事業や活動を立ち上げることを目標とした

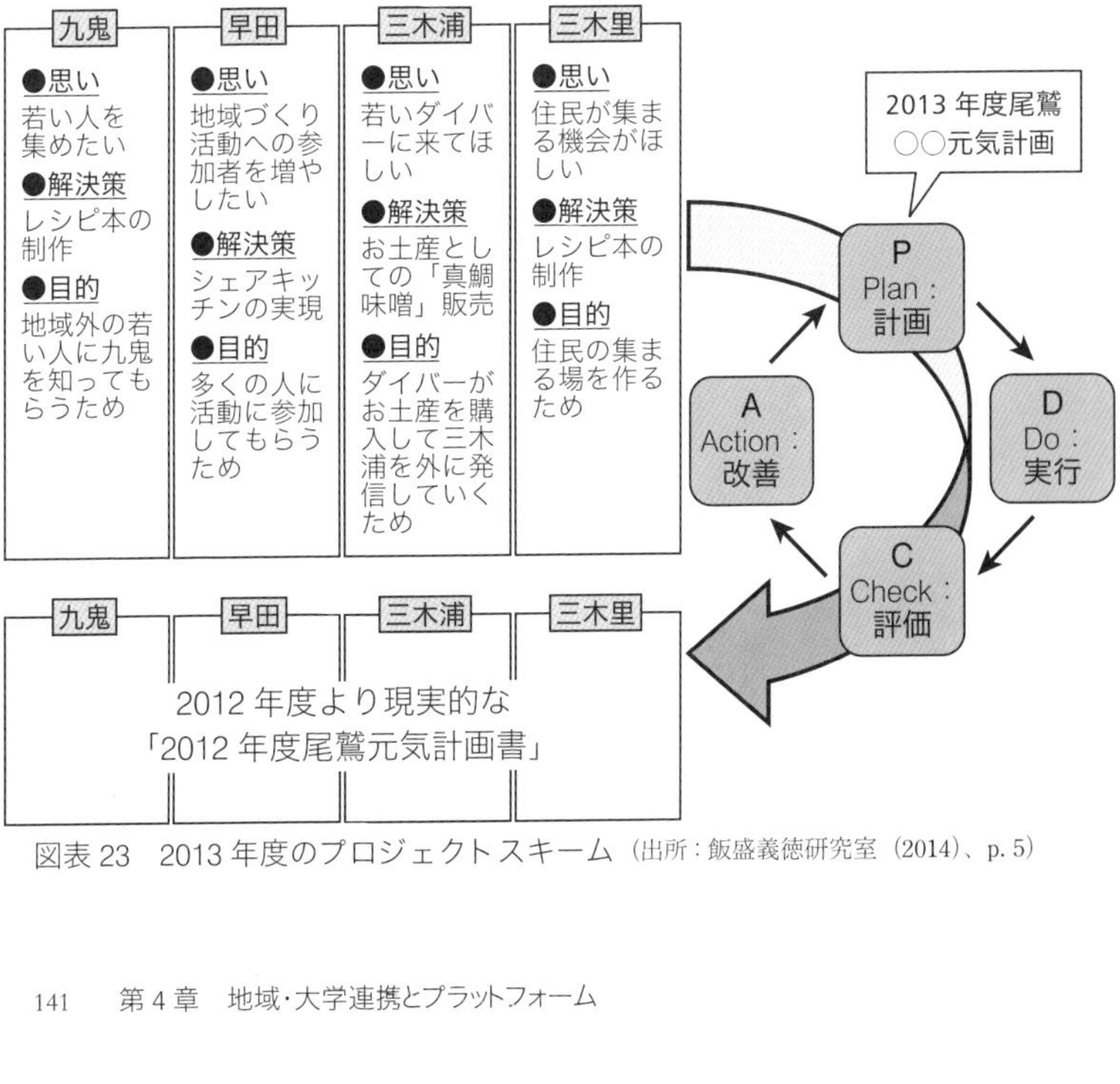

図表 23　2013 年度のプロジェクトスキーム（出所：飯盛義徳研究室（2014）、p. 5）

図表 24　各地区の活動計画

| | 九鬼 | 早田 | 三木浦 | 三木里 |
|---|---|---|---|---|
| 活動内容 | レシピ本の制作 | 笑顔食堂 | 「三木浦こいやぁ」での特産物の販売 | 「三木里の情報を集約したもの」の制作 |
| 活動目的 | 九鬼の情報を外部に発信 | 多くの人が集まれるコミュニティセンターへのきっかけをつくる | ダイバーへ情報発信する | さまざまな人々が関わる場をつくり出す |
| 7月 | ・24日の夏祭りに参加<br>・レシピ本の打ち合わせ<br>・イベントの進捗確認 | ・メンバーとの話し合い | ・婦人部臨時総会を開催し、「三木浦こいやぁ」について説明会開催 | ・6日に地域の人々で会合<br>・13日に学生も交えて計画づくり |
| 8月 | ・素材集め<br>・イベントの準備 | ・コミュニケーションの充実 | ・コミュニケーションの充実 | ・レシピ集のための素材集め |
| 9月 | ・9日に料理コンテスト | ・16日の敬老会にて、第1回笑顔食堂開催 | ・コミュニケーションの充実（出張の可能性） | ・レシピ集のための素材集め |
| 10月 | ・15日にレシピ本送付<br>・学生によるレシピ本の編集 | ・15日以降、第2回笑顔食堂開催 | ・20日に第1回出店 | ・レシピ集のための素材集め、校正、製本準備 |
| 11月 | ・5日に九鬼にレシピ本（暫定版）を送付<br>・15日に印刷工程 | ・笑顔食堂の定期的開催のための意見交換 | ・17日に第2回出店 | ・印刷準備 |
| 12月 | ・レシピ本完成、配本 | ・笑顔食堂の定期的開催のための意見交換 | ・コミュニケーションの充実 | ・レシピ集完成、配本 |

（出所：飯盛義徳研究室（2014）、p. 24 を改編）

(図表23)。

そのために、具体的な到達点、スケジュールも地域の人々で議論して作成してもらい、それを学生がサポートするという体制を整えた。その結果、各地区では、図表24のように、仮ではあるが、レシピ本の作成や特産物直売所の立ち上げなどの活動計画が生まれた。

二〇一三年度の活動で最も配慮したのは、いかに地域の人々の主体性を引き出し、事業創造につなげるかだ。そのために、学生たちは、体制の変更を行い、コミュニケーションのとり方を変えた。そして、各々の役割を明確にした(図表25)。

次に、学生たちが公式に関わるのは、二〇一三年度いっぱいであることを何度

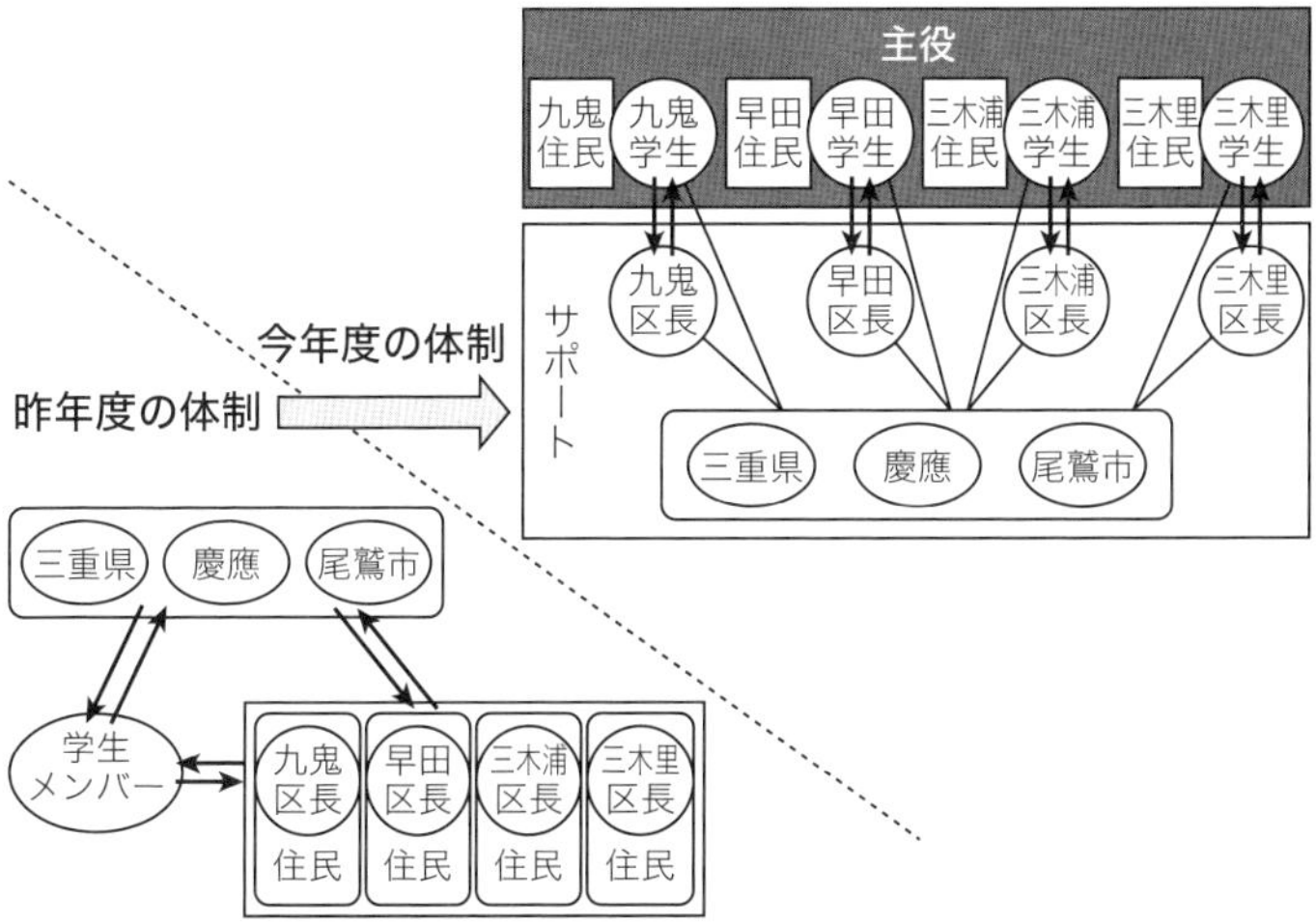


図表25　新しい体制とコミュニケーションルート
(出所：飯盛義徳研究室(2014)、p. 7)

三木浦こいやぁの様子
まさに、地域の人々が自分たちで企画し、運営している。このような活動が次々と生まれたことが地域の人々の自信にもつながっているし、学生たちの喜びにもなる（提供：弓削猛氏）

も伝えたことだろう。もう一つは、各地区の活動のための予算を自ら確保してもらうようにお願いした。そのため、年度内に事業計画を実行すべく、地域の人々は、自らが主体となって、組織づくりを行い、活動費用を地区で集めたり、皆で資源を持ち寄ったりして、着々と活動をすすめていった。

学生たちは年間五回ほど各地区に赴き、活動を支えた。その道筋は、苦楽をともにするという言葉がふさわしい。時には夜遅くまで真摯に方向性を議論し、地域のあるべき姿について全員で意味づけが行われた。

笑顔食堂の様子
地域の人々が主体となって、地域の食材をいかして、独自の弁当を企画販売している

また、代表者で進捗を共有すると同時に、四地区の関係者が顔を合わせる機会を作ることを目的に、月に一回のペースで合計八回、遠隔会議を実施した。当初、学生から状況を報告するかたちですすめていたものの、一一月の中間報告からは各地区の代表から報告をしてもらうようにした。

その結果、地域の人々の主体性が育まれて、何をなすべきか、どのようにすべきかが共有されるようになったのだ。そして、全ての事業が計画目標を達成し、特産品販売では売上も好調である。

また、「笑顔食堂」の立ち上げやレシピ本の制作プロセスでは、地域の魅力、資源を再認識し、今までつながりのなかったような人々の間に緊密なコミュニケーションが生まれた。

このように、尾鷲市の各地区では、地域の人々が自ら企画し、実践し、成果を得ることが、自信につながっている。何をしても変わらない、だれかが対応するだろうという他人任せではなく、自分たちから何か動いてみることが地域をかえていくことにつながることを実感している。

## 6　地域・大学連携のポイント

まず、紹介した四つの取り組みについて共通点をまとめてみよう。どちらも、多数の学生たちがよそ者の立場で地域に赴いていることがあげられる。そして、あくまで学生たちではなく、地域の人々が主役であるという姿勢を貫いている。

上述のように、地域づくりには、資源化プロセスを確立することが大切だ。実は、大学は、この資源化プロセスが効果的に機能するのに役立つ（図表26）。

まず、今までの経験をもとにする

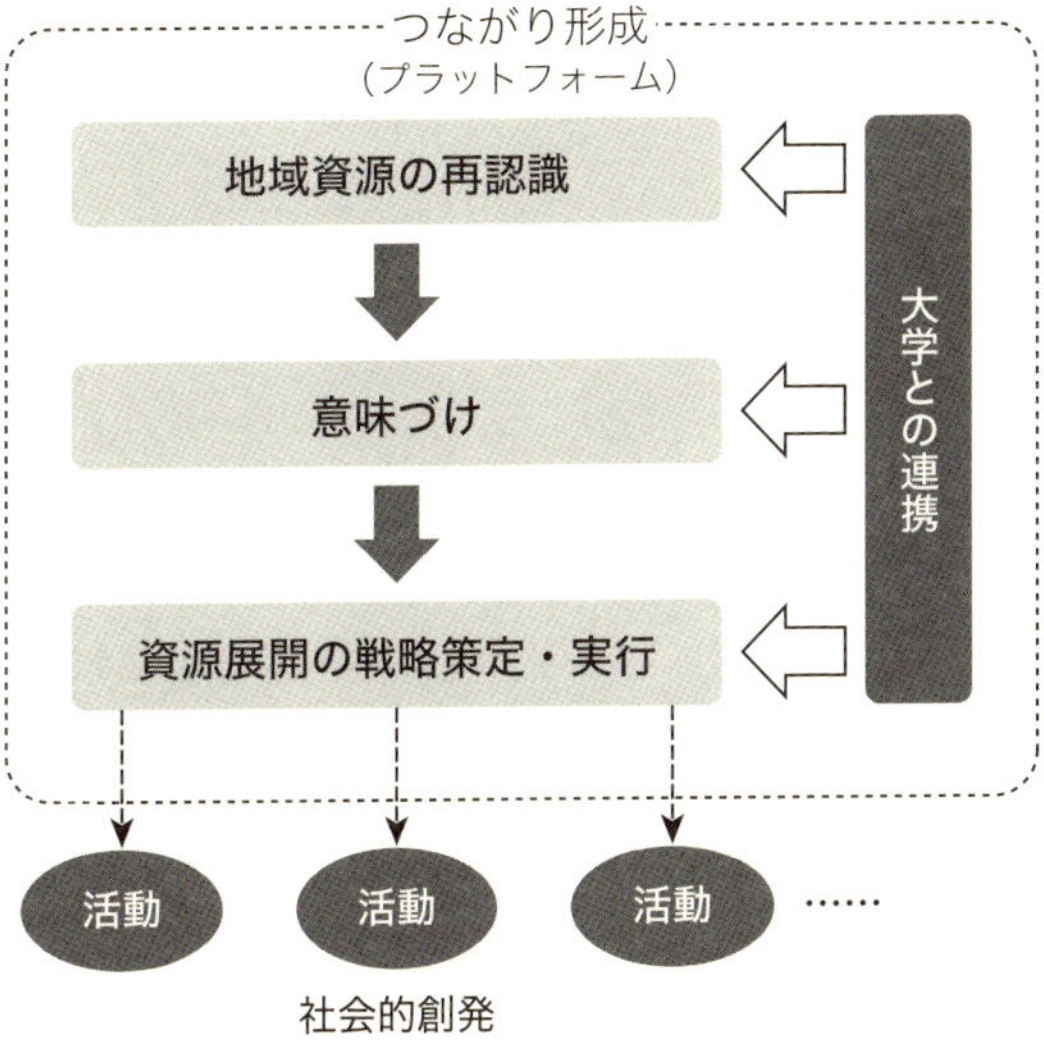


図表26　資源化プロセスと大学の関わり（出所：飯盛義徳（2012）、p. 26を一部修正）

と、学生たちが地域に赴くことが契機となって、地域のさまざまな人や組織がつながり、協力を惜しまなくなることが多い。学生たちを受け入れ、何かを実践していくためには、多くの人々の協力が不可欠。その運営のプロセスでつながりが形成されることを目の当たりにしてきた。さらに、ワークショップでも、はじめて出会って交流がはじまったという人々によく遭遇する。新上五島町、八女市、本山町、尾鷲市のいずれもこのような人々がたくさんあらわれた。

地域資源の再認識のフェーズでは、地域も世代も違う学生たちのユニークな視点が参考になることが多い。ときには、今まで地域の人々が気づいてもいなかった資源を見いだすこともある。例えば、尾鷲市元気プロジェクトの地元料理の展開事業は、学生たちとの相互作用によって地域の人々が料理という資源を再認識したことがきっかけとなっている。

また、学生たちは、事前に調査をするものの、やはり地域のことは地域の人が詳しい。学生たちの質問に対応しているうちに、地域の人々の間でもコミュニケーションが活発化し、この資源を展開していこうという意味づけが実現するようだ。

さらに、資源展開の戦略策定、実行のフェーズでは、ユニークさ、希少性などをベースにいかに優位性を際だたせるかがポイントであり、学生たちのＩＣＴなどを駆使した情報発信力、センスがいかせる。新上五島町元気プロジェクトの映像や写真、八女市元気プロジェクトのコミュニティFM、尾鷲市元気プロジェクトの尾鷲学生新聞は、まさに地域の人々と学生とのコラボレーションによる情報発信の賜物だろう。

ただ、漫然と地域と大学が一緒に何かをやろうとしても成果はおぼつかない。連携するにあたっては、大学側、地域側でそれぞれ対処すべき大切なポイントがある。そのキーワードは、プラットフォームだ。**地域、大学それぞれの人々が相集い、活発な相互作用によって予期もしなかったような新しい活動を生み出すことが地域・大学連携の目指すべき方向性である**としたら、どのようなプラットフォーム設計をすべきか、という課題に還元できる。

まさに地域・大学連携においても、第2章で述べたように、コミュニケーション・パターン、役割、インセンティブ、信頼形成メカニズム、参加者の内部変化のマネジメントの各設計が問われる。

例えば、尾鷲市元気プロジェクトでは、上述のように、二〇一二年度から二〇一三年度にかけて、コミュニケーション・パターンと役割を変更した。それによって、コラボレーションがより活発に行われるようになった。

各プロジェクトとも、地域づくりに関心のある人々ばかりが参集したわけではない。地域づくりにおいては、地域に関心がない人でさえ参加して活動を盛り上げる必要がある。だからこそインセンティブ設計は重要。新上五島町では映像制作、八女市ではコミュニティFM

番組、尾鷲市では料理など、それぞれのテーマに関心のある人々が活動に参加。リーダーは、このような人たちの自発的な活動がうまくいくように調整し、結果として地域づくりにまで昇華させるという姿勢が問われる。

また、地域と大学が連携するためには、相互の信頼をいかに育むかが大切である。礼儀作法やマナーはもちろんのこと、一つ一つの約束をきちんとこなすこと、お互いの立場を尊重し、意見を否定しないこと、活発に相互のコミュニケーションを行うことなどが信頼形成の第一歩になるだろう。上五島元気プロジェクトのメンバーであった卒業生は、新上五島町の人々が東京でイベントを行う際には陣中見舞いにいくなど、数年たっても交流は続いている。信頼が形成されているからこそである。

参加者の内部変化は、地域、大学両方にあらわれる。私たちが推進したプロジェクトに参加した地域の人々は、「自分たちで何かをしなければ」「行動を起こすことが大切」という意識が芽生えている。一方、学生たちも現場に赴き、地域の人々とふれあうことで、見違えるようになる。多くの場合、問題解決のためのセンスが磨かれて、行動力が増す。

このように、地域・大学連携はプラットフォームの視点から見つめることが大切である。実は、全ての研究プロジェクトで、効果的な境界設計と資源持ち寄りも観察できた。例えば、本山町まちかつプロジェクト。ワークショップやフィールドワークでは、誰がＮＰＯや企業の人か、町役場の人か、県庁の職員か、地域おこし協力隊の人か全くわからなかった。地域の人々も学生たちも、立場をこえて、対等に議論していた。自分たちの意見を忌憚なく交換することは、知という資源を持ち寄ることに他ならないし、食事も地域の人々の料理が持ち寄られることが多かった。

そのためには、自治体の役割は極めて大切だ。自治体は、地域における与信機能を有する組織だ。そのため、地域と大学とをつなぐコーディネーション機能が求められる。例えば、八女市元気プロジェクトを担当した、八女市の井手氏は、大学と地域との連携で心がけたこととして、あまり自治体が前に出すぎず、思い切って地域の人々や学生たちに運営を任せつつ、参加者同士が忌憚のない意見交換ができる雰囲気づくりに気を配ったという。

このように、参加者が対等に意見を交換できるプラットフォーム構築が、地域・大学連携で成果をあげるためのポイントの一つになるのではないだろうか。

大学は、多様な知、技術、行動力のある若者の集積拠点であり、人材育成の府である。ますます地域での役割は注目されていくに違いない。一方、今後は、連携促進のための制度、効果的なカリキュラム、研究方法の探究などの検討すべき課題も多い。あわせて、自治体への期待も大きい。

幸いにも、慶應ＳＦＣは、設立当初から問題発見・解決型の研究教育を標榜し、多様な学問題領域を総合しながら解決への「処方箋」につながる実践知の創造を志している。そのため、フィールドワークや実践を重視した授業や研究が数多く行われている。また、慶應義塾の卒業生たちの寄附で運営されている「ＳＦＣ政策研究支援機構[注27]」という制度もある。これは、学生たちのフィールドワークを助成、支援するもの。このような総合的な支援があってこそ、私たちの研究プロジェクトが推進できていることは明記しておかなければならない。

地域・大学連携の取り組みは試行錯誤の段階で成果はこれからだ。ただ、学生たちは明らかに問題発見・解決能力が高まり、主体的に学ぶようになるし、地域も資源化プロセスが確立して、新しい活動が生まれる可能性がある。そして、効果的な連携には、プラットフォームの設計という視点が大切であることがわかった。

# 第5章
# 次のステージにむけて

これまで、さまざまな事例を紹介し、地域づくりにおいては資源化プロセスを定着させること、そのためにはプラットフォームという概念が役立つことをお伝えしてきた。そして、効果的なプラットフォームを設計するために、境界設計、資源持ち寄りが大切であることを試論ながら検討してきた。

地域づくりのマネジメントにおいては、まだまだ探究すべき課題がたくさん残っているものの、ここでは、今までの実践やフィールドワークから見えてきた具体的なポイントについて、再度まとめてみよう。そして、これから次のステージにむけて取り組むべき大切な課題である人づくりについて議論したい。

## 1 地域づくりのポイント

これまで議論した大切なポイントを再度まとめてみよう。地域づくりには、あるものをいかして資源にしていく資源化プロセスが大切だ。地域の資源には、ヒト、モノ、カネ、情報がある。資源化プロセスは、①地域資源の発見・再認識、②意味づけや価値観の共有、③資源の戦略的展開、というフェーズで構成される。そして、次々と何らかの新しい活動や価値を生み出すこと、すなわち、社会的創発をもたらすことが肝要である。

そのためには、地域において、人や組織間の強いつながりと弱いつながりが効果的に結合しなければならない。強いつながりは信頼を生み、同じような知や情報を深く共有することができる。一方、弱いつながりは、新しい異質な情報が流通する。効果的な結合のための一つの方策として、本書では、境界の観点からプラットフォームを設計する試論を提示し、三田の家・芝の家、岩見沢駅での効果的な境界設計の事例を紹介した。

さらに、資源持ち寄りによるプラットフォーム設計の意義や可能性について、鳳雛塾やまめやの事例をもとに説明した。資源持ち寄りは、これからの地域づくりの実践知として注目されていくのではないかと考えている。地域のいろいろな主体が資源を持ち寄ってプラットフォームを形成していくことで、

・利用可能な資源が増大し活動が広がる
・多様な資源の新結合によって社会的創発が生まれる
・資源を供与した人々の主体性が芽生える

という可能性が見いだせる。

本書で紹介したような地域づくりの活動は成果が見えにくく、効果があがるまで時間がかかるという特性がある。また、ボランタリーな活動の場合、企業とは違って、参加者に与えるインセンティブには限りがあり、何かの権威にもとづく強制、命令なども難しい。さらに、

地域づくりに関心のない人々でさえも巻き込んでいって活動を盛り上げることが求められる場合もある。

つまり、競争優位を築くことを目的とした企業とは違い、地域づくりにおいては、いかにして信頼を形成し、多様なインセンティブを与え、継続的に協働、創発をもたらすことのできるプラットフォームを設計するのか、ある意味、高度なマネジメント能力が求められるのだ。

では、ここで、これまで議論してきた地域づくりのポイントについてキーワードを提示してみよう。これはあくまでも、地域において、次々と新しいことが生まれるプラットフォームをどのように設計するかがベースとなっているものだ。

## まずは一歩踏み出そう

成果をあげている地域づくりのリーダーたちに話をうかがうと、当初からこのような盛り上がりを期待していたわけでないという。地域を何とか元気にしたい、でもどのようにするのかわからない、という状況の中で、まずは今できることを地道にはじめていっただけという人がほとんどだ。

最初は一人、もしくはごく数人の小さな活動かもしれない。それが、活動を続けていくうちに、使命感でつながれた、信頼できるコアメンバーが生まれ、地域づくりに関心のない人々も参加して、大きなうねりになっていくプロセスが見て取れる。まさに、地域におけるプラットフォームとなって、社会的創発をもたらしたといえるだろう。

例えば、本書で紹介した佐賀インターナショナルバルーンフェスタも、最初の一歩はバルーンが大好きな人々の小さな大会であった。それが、今では百万人近くを集めるイベントに成長した。砂浜美術館のＴシャツアート展も同じ。まさに、小さく生んで大きく育てる、だ。

やってみてはじめてわかることもあるし、何かをやってみることで地域の人々の目に触れていき、仲間、参加者をふやしていくこともある。例えば、今では有名になったある地域づくりのリーダーに活動の立ち上げの頃のことをうかがったときのこと。最初は、近くの荒れていた土地の小枝や雑草を片付けていただけ。そのうちに地域の人たちが何をしているのかと声をかけるようになってきた。ただ片付けているだけです、とこたえて黙々と作業を続けていたら、いつの間にか一緒にやる人があらわれた。それが、地域をよくしようという思いの醸成、共有につながり、共体験から、その人たちが中心となって、今では農家民宿や特産品の開発などいろいろな事業を展開する活動に広がっていった。もちろん、企画した全ての事業がうまくいったわけではなく、試行錯誤しながらつくっていったそうだ。

その核となったのは、地域を何とかしたい、元気にしたいというリーダーの思い、使命感。

そして、できることからはじめようと勇気をもって、小さな第一歩を踏み出した。もう一つ大切なことは、楽しくやること。楽しそうな取り組みでなければ続かないし、他の人にも魅力をアピールできない。

何かを始めなければ何も起こらない。そして小さくても続けていくことが大切だ。松下幸之助も成功するためには、成功するまで続けることが大切であると語っている。[注1]当たり前に思えるが、まずは一歩踏み出すことはなかなか難しい。そのバリアをこえたところから地域づくりは始まる。そして、気の合う仲間を見つけて、楽しく地域を盛り上げていくうちに、いろいろな広がりにつなげていくように工夫する。そのキーワードがプラットフォームだろう。各地のリーダーから得られた大切な教訓である。

## いろいろなインセンティブを検討しよう

地域づくりをすすめている人の中には、思いや使命の共有がなかなか難しくて、とおっしゃる人が多いことに気がつく。確かに、マネジメントで有名なピーター・ドラッカーは、（地域づくりのような）非営利組織は、使命を果たすために存在していると指摘している。その上で、リーダーの責務は、使命とともに生きていけるようにすることと論じている。それに全く異存はない。たしかに、鳳雛塾の場合、「鳳雛を育む」という使命は、私と横尾氏は共有していると胸を張っていえる。しかし、鳳雛塾でいろいろな事業を立ち上げた塾生たちは、同じような使命を持っているのだろうか。

実は、鳳雛塾でキャリア教育事業のきっかけとなる事業を立ち上げた友廣氏、映像教材事業を推進した山﨑誠氏に、活動を始めた頃のインセンティブを確認したことがある。彼らは、自分の技術が生かせる、将来の何かのビジネスにつながるという期待感で事業を推進したというのである。もちろん、使命に反対しているわけではない。ただ、使命を実現するために活動したのではなく、自らにとってメリットがあるから事業を立ち上げ、推進したのだ。それが結果として、鳳雛塾の広がりにつながった。

あわせて、第2章、第3章で紹介したように、鳳雛塾では、強いつながり、つまり、毎日のように、頻繁に連絡をとりあうコアメンバーは設立以来、私と横尾氏のみ。塾生などの一般メンバーとは、鳳雛塾の講座以外では、月に二回くらいの定期的な連絡が中心である。まさに、強いつながりと弱いつながりが結合した形になっている。また、ほとんどの新しい事業のきっかけとなる情報は、弱いつながりの人々から持ち込まれていることがわかっている。

このようなつながりの構造は、一定期間活動を継続して、次々と新しい事業に取り組んでいる地域づくり関係の非営利組織でよく見られることが、今までの私の研究室の調査でわかっている。

いろいろなインセンティブを持った人々に参集してもらうことは多様性を担保することにもつながる。鹿児島県鹿屋市串良町柳谷地区。地元では、「やねだん」と呼ぶ。[注2]行政に頼らない「むら」づくりを目指し、数々の事業を立ち上げて成功に導いている全国的にも有名な自治会だ。このリーダーである、柳谷自治公民館長は豊重哲郎氏。彼は、地域づくりには補欠はいない、全員がレギュラーだと主張する。多彩な人たちに役割を与え、それが結果として活動の広がりをもたらし、地域が元気になっていくように方向づけることがリーダーに求められる手腕だろう。

## 与えて共有しよう

第3章では、資源持ち寄りの可能性や意義について示唆した。では、資源持ち寄りを実現するにはどうすればよいだろうか。私は、日本経済新聞社「地域情報化の現場から」のWebサイトにある鳳雛塾の横尾氏のインタビューがヒントになると考えている。

「いつもカバンには知り合った人の会社のパンフレットなどを詰め込んで、例えば環境問題で悩んでいるという話を聞くと「こんな技術を持った会社がありますよ」、と紹介する」。[注3]

また、横尾氏は、私の調査に対して、以下のようにこたえている。

「私たちは、延べ一千四〇〇もの事業所を訪問し、教育界と実業界の橋渡しをしています。このような役割は鳳雛塾にしかできないことだと自負しています。まさに、分断したいろいろな組織をつなぐ、ネットワーク化する機能を鳳雛塾が果たしています」。

つまり、人と人がつながっていないとすると、そこをつなげてあげるのが大切だと論じている（図表27）。

人と人とをあえてつなげていくということは、人的ネットワークという資源を与えていることに他ならない。つまり、資源の持ち寄りを実現する場合、まずは、自らの資源を供与して、それをオープンにする必要があるだろう。そうしないと、資源は集まらない。そ

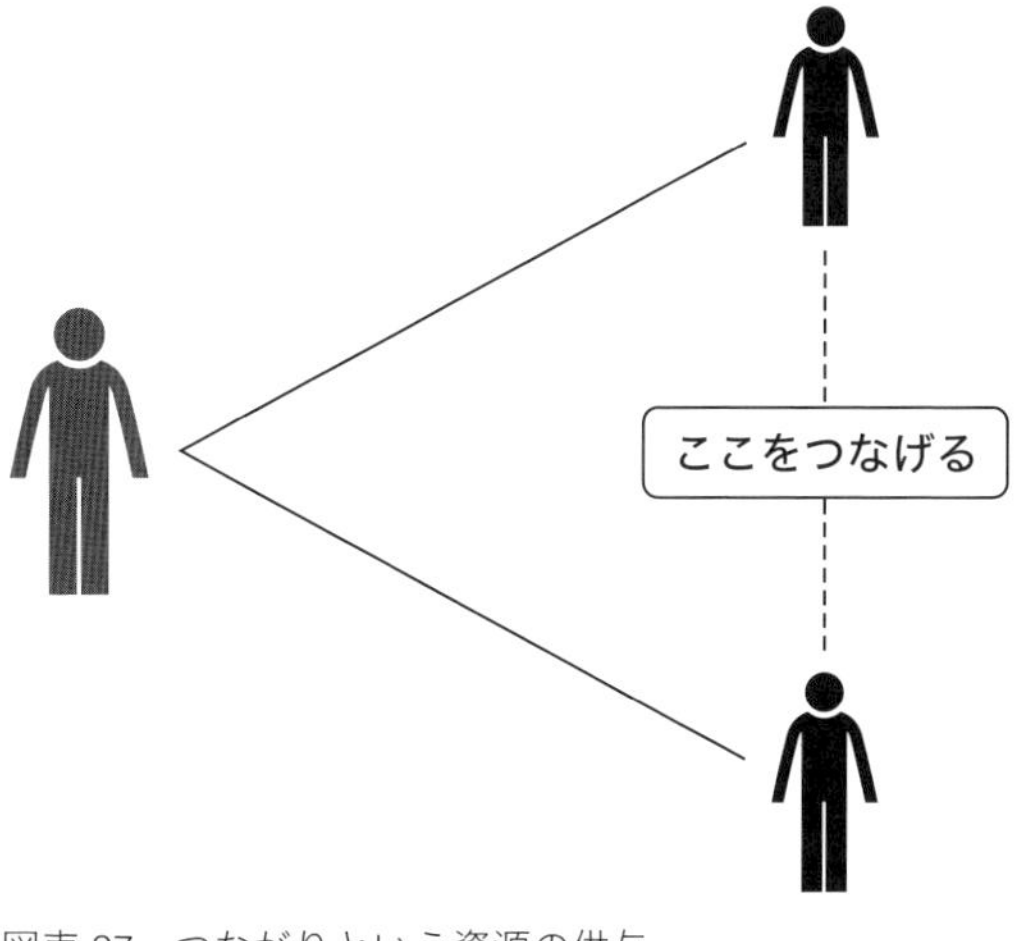


図表27　つながりという資源の供与

の場合、見返りを求めることなく、資源を活用してもらうようにする。それが地域づくりに参加している人たちの規範になっていけば、運営に必要な資源は少しずつでも集まってくるようになるだろう。また、その資源が、参加するインセンティブにもなることは第3章の鳳雛塾の分析でも説明したとおりだ。

もちろん、当初は、資源を提供してもらうための呼びかけを地道にすることが不可欠だ。前述のように、鳳雛塾では、佐賀銀行、佐賀県、佐賀市、佐賀大学から資源を持ち寄ってもらって運営している。それが当事者意識を醸成することにつながっている。そもそも、鳳雛塾設立に際しては、運営資金がほとんどなかった。そのため、横尾氏は、いろいろなところを訪問し、できる範囲での資源の提供をお願いしたのだ。結局、資源持ち寄りが実現しているため、運営資金が低額ですみ、継続できているというメリットにもつながっている。

## 2　地域づくりは人づくり

これまで紹介してきたように、活躍している各地の地域づくりのリーダーは、地域のよさ、資源を見極め、課題を正面から受け止めた上で、さまざまな組織、関係者を巻き込みながら見事に資源化を果たしている。私は、このような人材を「プラットフォーム・アーキテクト

(platform architect)」(社会的創発をもたらす場づくりのできる人)と呼んでいる。プラットフォーム・アーキテクト型のリーダーが各地で雲霞の如く群がり出ることで、日本は元気になると期待している(図表28)。

また、前述のように、リーダーは、技術・ノウハウ、人的ネットワークなどの希少性のある資源をオープンにし、参加者に積極的に供与、共有しているからこそ、資源持ち寄りによるプラットフォーム設計ができている。

これは、文化人類学などで論じられている、「ブリコラージュ(bricolage)」の力といってもいいだろう。[注4] ブリコラージュとは、簡単にいうと、いろいろな資源を寄せ集めて、自分で必要なものをつくり出すことだ。そして、新しい価値を生み出すように工夫しなければな

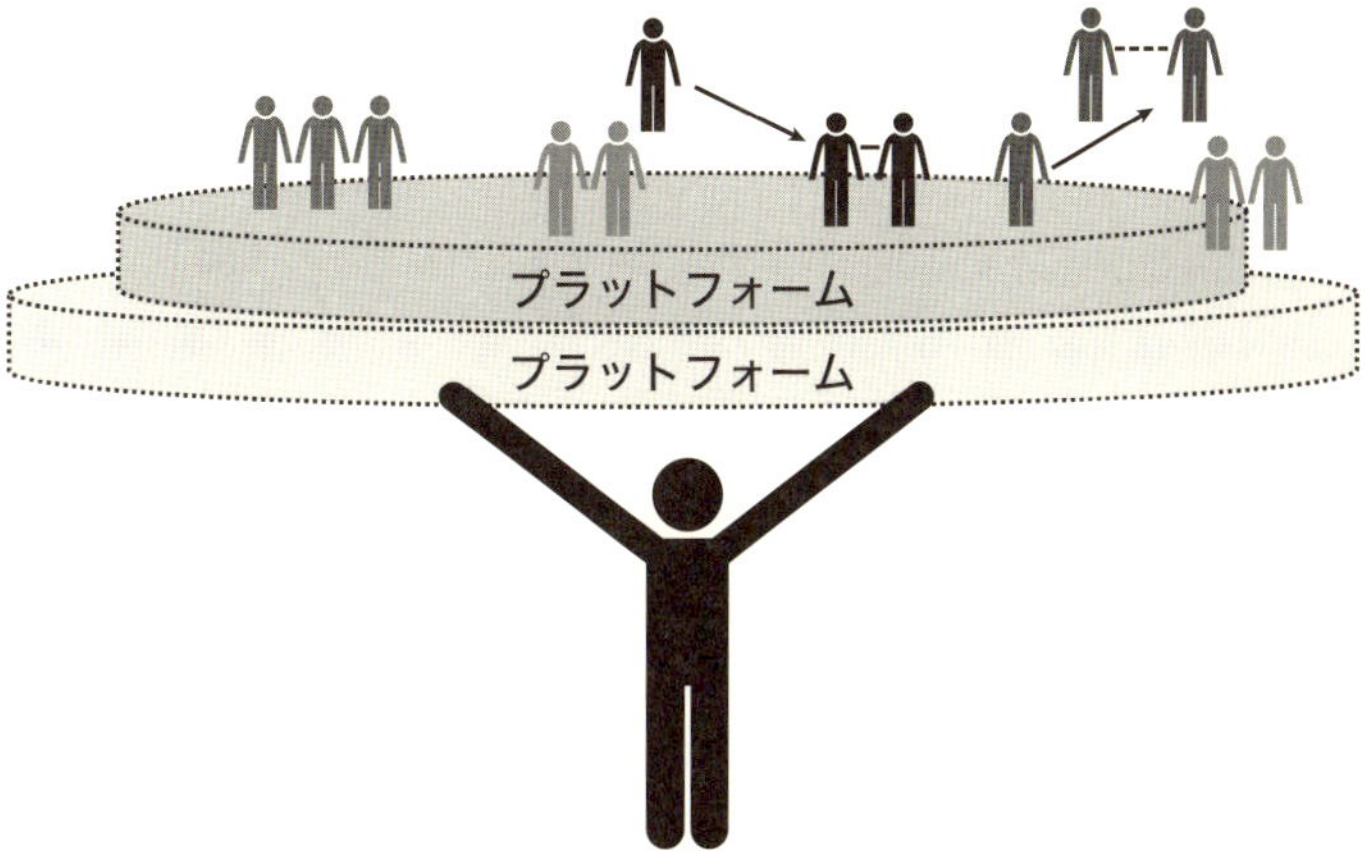


図表28　プラットフォーム・アーキテクトのイメージ

らない。

では、このような人材を育成するにはどうすればよいだろうか。これからの地域づくりの大事なテーマだ。地域づくりには、唯一無二の絶対的な答えも用意されておらず、成果をだすには継続が求められる。また、たくさんの人々に参加してもらい、何らかの役割を担ってもらう必要もある。そのため、まず求められる資質は、問題発見・解決能力と行動力だろう。もちろん、多様な主体とつながる力や協働をもたらす力も要求される。まさに起業家精神(entrepreneurship)といっていい。

このような能力を育むために、鳳雛塾でも取り入れているケースメソッドは有効な手立ての一つとなるだろう。また、今までの鳳雛塾や大学での経験からいうと、地域の課題をテーマとしたケース教材を用いたディスカッションを繰り返し行うことで、地域への関心が高まり、何らかの地域づくりに関する具体的な活動が生まれることもある。

そのため、ケースメソッドと何らかの実践を組み合わせ、より実践的な知を創造することも不可能ではない。戦略論の碩学であるヘンリー・ミンツバーグは、ケースメソッド偏重の問題を指摘した上で、経験に基づく省察をベースとした、レクチャーやケースメソッド、アクションラーニングなどの方法を融合する学びのモデルを提唱している。

飯盛義徳研究室でも、レクチャー、ケースメソッド、ワークショップなどを融合し、「ＰＢ

L（Project Based Learning）」（プロジェクトの実践を学びの場として捉えることで、学習者の主体性を引き出し、実践知を創造することを目指す教育方法）とも結びつけるブレンデッド・ラーニングを取り入れ、プラットフォーム・アーキテクト型の人材育成に挑んでいる。

さらに、これらの活動の成果を教材化することで、教育、研究、実践の相乗効果が得られるように配慮し、躬行実践《きゅうこうじっせん》を旨としている。実際、いくつかの域学連携の研究プロジェクトは、ケース教材化して授業でも活用している（図表29）。

例えば、ある年度の飯盛義徳研究会の授業構成を紹介したい。このときは、ある地域の観光振興の研究プロジェクトを推進していた。そのため、観光に関するワークショップ、事例研究を中心に据えた。

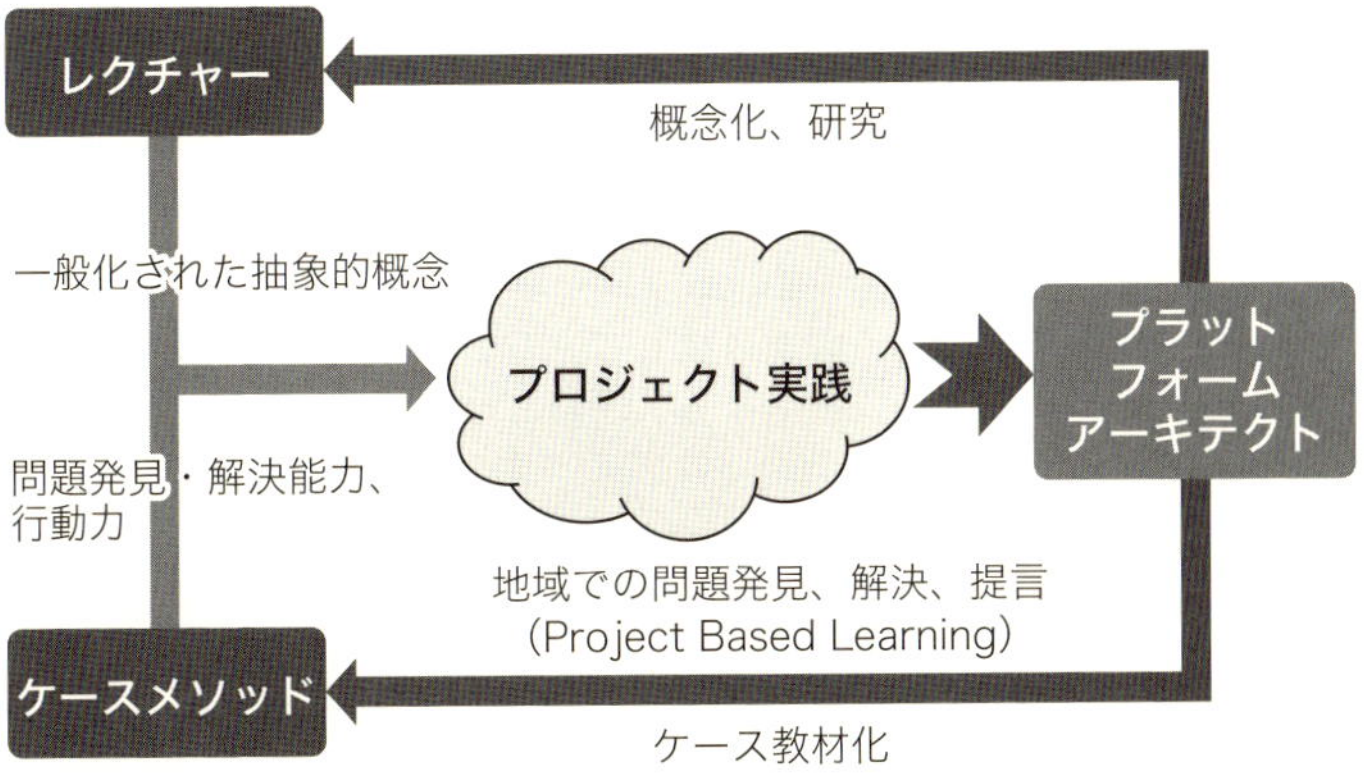


図表29　プラットフォーム・アーキテクト育成モデル試案（出所：飯盛（2011）、p.11）

そして、農産物の展開や中小企業の連携などに関するケースメソッド授業を三回、組織マネジメント、プラットフォーム設計に関する文献購読を三回取り入れている。また、研究プロジェクト発表も数回実施し、自分で考え行動する力を育むことを心がけた。そして、実際に地域に赴き、大学で学んだ知とフィールドワークを組み合わせて、地域の問題発見・解決につながる実践知の形成を目指した。

ケースメソッドの授業では、何かの答えを求めるわけではない。自分だったらどうするか、どう考えるかを主人公の立場になって討議する。

ワークショップの様子
テーマに対して、活発な討議が繰り広げられている

例えば、巻末の付属資料にある「みやじ豚」のケース教材を活用した授業では、

「なぜ、みやじ豚ではこのようなイノベーションが実現したのでしょう」

「やはり、実家の畜産業に対する強い思いがあったからだと思います」

「強い思いだけで、このようなイノベーションは可能ですか。他にはどのような要素が考えられますか。多角的な視点から考えてみてください」

「なぜ、宮治さんは農家のこせがれネットワークを立ち上げたのだと思いますか」

「この活動を全国に広げていくためにはどのようなことが大切ですか」

などの議論を次々と繰り返し、それはなぜかを徹底して問う。こうして、自分で考えて行動できる力、人とつながる力を育んでいる。


一方、従来までの地域づくりに関する研究においては、社会学、経済学、政策論などの視点からの研究がほとんどであり、マネジメントの視点からの研究はあまり見受けられなかった。そのため、プロジェクトの組織運営などのマネジメント、創発をもたらすプラットフォーム設計、そのメカニズムの分析を行うことは、昨今活発になってきた地域づくりの研究において何らかの貢献ができるのではと考える。さらに、ネットワーク形成や協働に関する理論の構築に役立ち、地域の課題解決を目指している人々にとっても、有意義な含意が得られると思っている。

これから、徹底的に現場を重視し、何らかの政策や戦略立案に資する研究を目指すためには、地域におけるアクションリサーチ（action research）も検討すべきことの一つだろう。アクションリサーチは、一九四六年にクルト・レヴィンによって社会問題の解決のために提唱された。昨今では、医療、看護、介護、教育などの領域で問題解決のための研究が行われている。アクションリサーチの目的は、差し迫った問題状況におかれている人々の、実際的な問題を解決することにあり、介入型の研究方法である。対処療法的な問題解決だけを行うのではなく、その成果は、問題解決のほかに、社会科学的な知の創造に役立つものでなければならない。

アクションリサーチは、①問題の発見と診断、②活動・介入計画の立案、③活動・介入の実行、④活動・介入結果の評価、⑤科学的知見の同定というプロセスを辿る。[注5]また、アクションリサーチは、多くの面でいわゆる実証主義的な研究方法とは異なる。例えば、実証主義的な研究では価値中立的であるが、アクションリサーチでは社会システムの構築に価値をおく。また、実証主義的な研究では、広く一般化可能性を追求するが、アクションリサーチでは状況適合的なものになる。[注6]

これから注目したいのが、第4章でも紹介したとおり、地域づくりにおける大学の役割だ。前述のような人材育成はもちろんのこと、大学は、多様な知、技術、行動力のある若者の集積拠点でもある。教員や学生による技術支援やイベントへの参加、賑わいの創出など、地域での大学の存在価値は大きい。

二〇一〇年度には、総務省人材力活性化研究会[注7]が設置。地域リーダーを育成するための具体的カリキュラムなどが議論され、「地域づくり人育成ハンドブック」にまとめられた。また、全国で地域人材育成のため講座も開催されている。地域を担う人材育成はますます注目されるだろう。「一樹百穫なる者は人なり」という。地域における最も大切な資源は人なのだ。

私たちの取り組みは試行錯誤の段階のものが多い。今後とも、学生たちと各地を訪問し、研究、教育、プロジェクト実践の相乗効果によって、あるべきものの探究、すなわち「設計科学」(designing science)[注8]を目指して、地域から社会を元気にする流れを築き上げたいと願っている。本書がその足がかりになればと念願している。多くの方々のご理解、ご支援を賜りたい。

# おわりに

車窓からは、青碧《せいへき》にかすんでいる稜線と田畑がどこまでも広がっているのが見えていた。しばらく読書に夢中になっているうちに、ふと気がつくと風景は一変して、家々が立ち並びだしていた。線路の軋む音が聞こえ、車内ががくんと揺れる。列車はスピードを緩め、ゆるゆるとプラットフォームに滑り込んだ。シューというドアの開く音。たくさんの人たちが大きな荷物を持って通路に列をつくっている。私もトランク一つもって、人の流れについて行った。

狭い改札を抜けると、二人が迎えにきてくださっていた。わざわざありがとうございます、と声を出そうとしたら、

「おかえりなさい」

と日焼けした顔で破顔一笑してくれた。

この地域には三度目の訪問。今まで一緒になって各地区をまわり、汗をかきながら、たくさんの人たちとどうしたら地域が元気になるか、夜を徹して議論してきた。よそ者の私をこのように受け入れてくださって、何ともいえず清々しい気持ちになった。そして、素直な気

持ちで、

「ただいま」

といえた。

やはり、地域の最も大切な資源は人だ。地域にはたくさんの哲人とも呼べるほどの素晴らしい人たちがいる。農作物のこと、山林のこと、海のこと、方言のこと、歴史のこと、文化のこと――それぞれに役者がいる。私は、学生たちと一緒に、数え切れないくらい、このような人たちから学び、それが知や身体の一部を構成していることがわかる。

昨今、地域は、産業衰退、急激な人口減少など深刻な課題を抱えているところが多い。しかし、地域の人たちが学び合い、力を合わせて、徹底的に議論を交わし、何か行動を始めたらきっと地域は変えられると私は信じている。もちろん時間はかかるし、困難は随処に立ちはだかっているだろう。でも、多くの人たちが活動に参加するようになり、各々でできることや多彩な資源を持ち寄ることで、課題解決の糸口はつかめると期待している。

本書では、そのためのキーワードとしてプラットフォームという概念を提示した。いろいろな人たちが参集し、活躍するような舞台づくり。これが私たちの目指す地域づくりだ。そのために私たちにできることは何か。いつも自問自答しながら過ごしている。

そもそも、経営学が専門であった私が地域づくりの教育、研究、実践に携わるようになったのは、二〇〇五年に慶應ＳＦＣに赴任した直後であった。高知県黒潮町（旧・大方町）で地域づくりの講演会が開催され、砂浜美術館のケース教材を開発することになった。ケース教材は学生たちが現地取材して開発してくれた。そこではじめて地域の人たちの魅力、資源の豊かさに魅せられたと同時に、学生たちのよそ者、若者の力、そして行動力を思い知った。それから、毎年、複数の地域で域学連携型の研究プロジェクトを推進するようになった。テーマはそれぞれ異なるが、基本となる考え方は、あくまで、地域の人々が主人公であるということ。私たちは、地域の内発的力を引き出す役割に徹している。そして、人の元気が地域に波及するように心がけている。

これからも、学生たちと一緒に各地に赴き、「おかえりなさい」と気持ちよく迎えてくださるふるさとが各地にできるように邁進したい。

もちろん本書には限界もある。取り上げた事例は非営利の活動が多く、事業性については論じていない。また、境界設計と同時にコーディネータの役割も大切であるが、プラットフォーム設計の議論を中核に据えたために今回は割愛している。これらの課題は別の機会に記したい。

なお、上梓にあたっては、まず、学芸出版社の前田裕資氏にはテーマ設定や内容、まとめ方などで貴重なご意見をいただいた。心から感謝したい。また、学生メンバーと一緒にフィールドに赴き、地域の人々と一緒に悩んだり笑ったり、考え抜いて、汗をかきながら実践するのが私の普段のスタイル。そのため、どうしても現場での時間に追われてしまい、執筆が遅れがちになるといろいろなアドバイスもいただいた。何とかここまでたどり着けて安堵している。

本書は、一緒に実践に携わっていただいた地域の皆さま、フィールドを駆けまわった学生メンバー、そしてこのような私をあたたかく見守ってくれた慶應SFCの先生方との協働の賜物でもある。また、留守がちな私に文句一ついわずに応援し、支えてくれた家族の力は大きい。今まで関わってくださった全ての方々に感佩《かんぱい》したい。

二〇一四年秋

新雪をいただく富士山を眺めながら

飯盛義徳

No. 1）pp. 66-75。
・髙木晴夫（2001）「ケースメソッドによる討論授業のやり方」（『経営行動科学』第 14 巻第 3 号）pp. 161-167。
・髙木晴夫、竹内伸一（2006）『実践！日本型ケースメソッド教育―企業力を鍛える組織学習装置』ダイヤモンド社。
・中根千枝（1967）『タテ社会の人間関係』講談社。
・西田みづ恵ほか（2005）「佐賀インターナショナルバルーンフェスタ」慶應義塾大学湘南藤沢キャンパスケース教材。
・西田みづ恵ほか（2005）「特定非営利活動法人 砂浜美術館」慶應義塾大学湘南藤沢キャンパスケース教材。
・原広司（2007）『空間〈機能から様相へ〉』岩波書店。
・福澤諭吉（1942）『学問のすゝめ』岩波書店。
・福嶋路、権奇哲（2009）「資源創出理論序説」（日本ベンチャー学会『VENTURE REVIEW』No. 14、September）pp. 23-32。
・松下幸之助（1979）『人を活かす経営』PHP 研究所。
・本山町（2012）「広報もとやま　12 月号」。
・本山町（2014）『まちかつプロジェクト 2 最終活動報告書』。
・本山町のサイト〈http://www.town.motoyama.kochi.jp〉。
・森岡清志（2008）『地域の社会学』有斐閣。
・山口昌男（1975）『文化と両義性』岩波書店。
・山倉健嗣『組織間関係 企業間ネットワークの変革に向けて』有斐閣、1993 年。
・八女市の Web サイト〈http://www.city.yame.fukuoka.jp/〉。
・矢守克也（2010）『アクションリサーチ―実践する人間科学』新曜社。
・吉田民人（1999）「21 世紀の科学―大文字の第 2 次科学革命」（『組織科学』Vol. 32、No. 3）pp. 4-26。
・若林直樹（2001）「組織間ネットワークにおける埋め込みと信頼のマネジメント―自動車部品産業での外注品質管理活動における境界連結の制度的媒介の日英比較」（東北社会学会『社会学年報』30）pp. 219-238。
・和辻哲郎（1935）『風土：人間学的考察』岩波書店。

・伊丹敬之（1999）『場のマネジメント―経営の新パラダイム』NTT 出版。
・伊丹敬之、西口敏宏、野中郁次郎編著（2000）『場のダイナミズムと企業』東洋経済新報社。
・内山研一（2007）『現場の学としてのアクションリサーチ』白桃書房。
・尾鷲市の Web サイト〈http://www.city.owase.lg.jp〉。
・金井壽宏（1994）『企業者ネットワーキングの世界― MIT とボストン近辺の企業者コミュニティの探求』白桃書房。
・上五島チャンネルの Web サイト〈http://isagai.sfc.keio.ac.jp/kamigotoch/〉。
・企業組合ごめんシャモ研究会の Web サイト〈http://www.gomensyamo.com〉。
・九州テレコム振興センターの Web サイト〈http://www.kyushu-telecom.or.jp/〉。
・國領二郎編（2006）『創発する社会：慶應 SFC ― DNP 創発プロジェクトからのメッセージ』日経 BP。
・國領二郎編（2011）『創発経営のプラットフォーム』日本経済新聞出版社。
・國領二郎、飯盛義徳（2007）『元気村はこう創る―実践・地域情報化戦略』日本経済新聞出版社。
・財団法人地域総合整備財団（2014）『平成 25 年度まちなか再生支援事業報告書』。
・佐伯啓思、松原隆一郎編著（2002）『新しい市場社会の構想―信頼と公正の経済社会像』新世社。
・佐賀インターナショナルバルーンフェストの Web サイト〈http://www.sibf.jp〉。
・住民ディレクターの Web サイト〈http://blog.goo.ne.jp/0811prism〉。
・新上五島町の Web サイト〈http://official.shinkamigoto.net/〉。
・総務省「域学連携」地域づくり活動〈http://www.soumu.go.jp/main_sosiki/jichi_gyousei/c-gyousei/ikigakurenkei.html〉。
・総務省地域力創造グループ過疎対策室「過疎地域における集落対策及びソフト事業の実施状況に関する調査（平成 23 年度総務省調査）」。
・総務省地域力創造グループ人材力活性化・連携交流室「大学教員との地域実践活動の現状について（平成 23 年度）」〈http://www.soumu.go.jp/main_content/000128052.pdf〉。
・田尾雅夫（1998）「ボランタリー組織は組織か？」（『組織科学』Vol. 32、

・飯盛義徳（2007b）「地域情報化プロジェクトにおける事業創造のマネジメント」（情報社会学会『情報社会学会誌』Vol. 2、No. 2）pp. 20-33。
・飯盛義徳（2009a）『ケース・ブックⅣ　社会イノベータ』慶應義塾大学出版会。
・飯盛義徳（2009b）「地域再生とひとづくり」（三菱 UFJ リサーチ＆コンサルティング『季刊　政策・経営研究』No. 2）pp. 165-180。
・飯盛義徳（2011）「地域づくりとひとづくり―地域力を高める「銀の弾丸」とは」（㈶企業経営研究所『企業経営』第 116 号）pp. 8-11。
・飯盛義徳（2012）「大学は地域の役に立つか？―域学連携の意義と可能性」（『住民行政の窓』日本加除出版株式会社、2012 年 6 月号、pp. 2-14。
・飯盛義徳（2014a）「地域づくりにおける効果的なプラットフォーム設計」日本情報経営学会『日本情報経営学会誌』Vol. 34、No. 3、pp. 3-10。
・飯盛義徳（2014b）「域学連携のすゝめ　域学連携は地域を変える！」（『月刊ガバナンス』ぎょうせい、2014 年 6 月号）pp. 98-99。
・飯盛義徳（2014c）「域学連携のすゝめ　どのような取り組みがあるのか？」（『月刊ガバナンス』ぎょうせい、2014 年 7 月号）pp. 90-91。
・飯盛義徳（2014d）「域学連携のすゝめ　地域資源を見つめ直す」（『月刊ガバナンス』ぎょうせい、2014 年 8 月号）pp. 94-95。
・飯盛義徳（2014e）「域学連携のすゝめ　つながりをつくる」（『月刊ガバナンス』ぎょうせい、2014 年 9 月号）pp. 92-93。
・飯盛義徳（2014f）「域学連携のすゝめ　情報発信とファンづくり」（『月刊ガバナンス』ぎょうせい、2014 年 10 月号）pp. 98-99。
・飯盛義徳（2014g）「域学連携のすゝめ　主体的な活動を生む」（『月刊ガバナンス』ぎょうせい、2014 年 11 月号）pp. 98-99。
・飯盛義徳研究室（2010）『上五島元気プロジェクト〈活性化方策提言報告書〉』。
・飯盛義徳研究室（2012）『八女市元気プロジェクト―コミュニティ FM を活用した地域活性化―2011 年度提言報告書』。
・飯盛義徳研究室（2013）『尾鷲市元気プロジェクト平成 24 年度活動報告書』。
・飯盛義徳研究室（2014）『尾鷲市元気プロジェクト平成 25 年度活動報告書』。

*ciological Review*, Vol. 61, Issue 4, pp. 674-698.
・Uzzi, Brian (1997) "Social Structure and Competition in Interfirm Networks: The Paradox of Embeddedness," *Administrative Science Quarterly*, Vol. 42, pp. 35-67.
・van Gennep, Arnold (1909) *Les Rites de Passage, Étude systématique des ceremonies*, Librairie Critique, Paris（綾部恒雄、綾部裕子訳『通過儀礼』弘文堂、1977）.
・Weick, Karl E. (1979) *The Social Psychology of Organizing 2d ed.*, MA: Addison-Wesley Pub. Co.
・Weick, Karl E. (1995) *Sensemaking in Organizations*, Thousand Oaks, CA: Sage Publications.
・Wenger, Etienne (1998) *Communities of Practice: Learning, Meaning, and Identity*, Cambridge University Press.

**〈国内文献〉**

・FM 桐生の Web サイト〈http://www.kiryu.fm/〉。
・FM ピッカラの Web サイト〈http://www.kisnet.or.jp/pikkara/〉。
・NPO 法人砂浜美術館の Web サイト〈http://www.sunabi.com〉。
・NPO 法人鳳雛塾（2006）『地域自律・民間活用型キャリア教育プロジェクト報告書』。
・NPO 法人鳳雛塾の Web サイト〈http://www.housuu.jp/〉。
・SFC 政策研究支援機構の Web サイト〈http://amirai.sfc.keio.ac.jp/〉。
・赤坂憲雄（2002）『境界の発生』講談社。
・芦原義信（2001）『街並みの美学』岩波書店。
・飯盛義徳（2005）「地域にふさわしいアントルプレナー育成モデルを目指して」（日本ベンチャー学会『VENTURE REVIEW』No. 6）pp. 63-70。
・飯盛義徳（2006）「総合的学習で育てる起業家精神―産官学連携による実践を中心に」（『総合学習を創る』明治図書、2006 年 11 月号）。
・飯盛義徳（2007a）『地域情報化プロジェクトにおける協働メカニズムの探究』慶應義塾大学博士学位論文。

・Lave, Jean and Etienne Wenger (1991) *Situated learning: Legitimate peripheral participation*, Cambridge University Press（佐伯胖訳『状況に埋め込まれた学習―正統的周辺参加』産業図書、1993 年）.
・Luisi, Pier Luigi (2006) *The Emergence of Life from Chemical Origins to Synthetic Biology*, Cambridge University Press.
・Mintzberg, Henry (2004) *Managers not MBAs: A Hard Look at the Soft Practice of Managing and Management Development*, Berrett-Koehler Pub.
・Newman, William and Harvey WallenderIII (1978) "Managing Not-for-profit Enterprises," *Academy of Management Review*, Jan. 3, pp. 24-31.
・Nohria, Nitin and Robert G. Eccles (Eds.) (1992) *Networks and Organizations: Structure, Form, and Action*, MA: Harvard Business School Press.
・Rapoport, Robert N. (1970) "Three Dilemmas of Action Research," *Human Relations*, 23, pp. 499-513.
・Relph, Edward (1999) *Place and Placelessness*, Pion Limited, 1999（高野岳彦、阿部隆、石山美也子『場所の現象学』筑摩書房、1999）.
・Sawyer, R. Keith (2005) *Social Emergence Societies As Complex Systems*, NU: Cambridge University Press.
・Simmel, Georg (1908) *SOZIOLOGIE. Untersuchungen über die Formen der Vergesellschaftung*, Duncker & Humblot, Berlin（居安正訳『社会学（下巻）』白水社、1994）.
・Simmel, Georg (1909) *Brücke und Tür*, Der Tag, 15. September（酒田健一、熊沢義宣、杉野正、居安正訳『ジンメル著作集 12』白水社、2004）.
・Susman, Gerald I. and Roger D. Evered (1978) "An Assessment of the Scientific Merits of Action Research," *Administrative Science Quarterly*, Vol. 23, No. 4. (Dec., 1978), pp. 582-603.
・Turner, Victor Witter (1974) *Dramas, Fields, and Metaphors: Symbolic Action in Human Society*, Cornell University Press（梶原景昭訳『象徴と社会』紀伊國屋書店、1981）.
・Uzzi, Brian (1996) "The Sources and Consequences of Embeddedness for The Economic Performance of Organizations: The Network Effect," *American So-*

# 参考文献一覧

**〈海外文献〉**


・Aldrich, Howard and Diane Herker (1977) "Boundary Spanning Roles and Organization Structure," *Academy of Management Review*, April, pp. 217-230.

・Baker, Ted and Nelson, E Reed (2005) "Creating Something from Nothing: Resource Construction through Entrepreneurial Bricolage," *Administrative Science Quarterly*, Vol. 50, June, pp. 329-366.

・Berque, Augustin (1982) *Vivre l'espace au Japon*, Presses Universitaires de France（宮原信訳『空間の日本文化』筑摩書房、1985).

・Blau, Peter M. (1964) *Exchange and Power in Social Life*, New York: John Wiley & Sons（間場寿一、居安正、塩原勉訳『権力と交換』新曜社、1974).

・Botsman, Rachel and Roo Rogers (2010) *What's Mine Is Yours: The Rise of Collaborative Consumption*, NY: Harper Business.

・Burt, Ronald S. (1992) *Structural Holes: The Social Structures of Competition*, MA: Harvard University Press.

・Chesbrough, W. Henry (2003) *Open Innovation: the new imperative for creating and profiting from technology*, MA: Harvard Business School Press.

・Cohen, Anthony, P. (1985) *The Symbolic Construction of Community*, Routledge.

・Coleman, James S. (1990) *Foundations of Social Theory*, MA: Harvard University Press.

・Drucker, Peter F. (1990) *Managing The Nonprofit Organization*, NY: Harper Collins Publishers.

・Granovetter, Mark (1973) "The Strength of Weak Ties," *American Journal of Sociology*, Vol. 78, No. 6, pp. 1360-1380.

・Krackhardt, David (1992) "The Strength of Strong Ties: The Importance of Philos in Organizations," in Nitin Noria and Robert G. Eccles (Eds.) *Networks and Organizations: Structure, Form, and Action*, MA: Harvard Business School Press, pp. 216-239.

注 20：八女市元気プロジェクト〈http://www.kiai.gr.jp/yamegenki/yamepj.html〉。

注 21：本事例の初出は、飯盛（2014d）。この内容に加筆修正し、最新の状況を追記した。

注 22：本山町〈http://www.town.motoyama.kochi.jp〉。

注 23：2013 年度の事業は、本山町が、財団法人地域総合整備財団「平成 25 年度まちなか再生支援事業（大学連携型）」の助成をうけて実施した。

注 24：東光寺は、まちなかの高台にある古刹。

注 25：本事例の初出は、飯盛（2014g）。この内容に加筆修正し、最新の状況を追記した。

注 26：尾鷲市〈http://www.city.owase.lg.jp/〉。

注 27：SFC 政策研究支援機構〈http://amirai.sfc.keio.ac.jp/〉。

## ■第 5 章

注 1 ：松下幸之助（1979）。

注 2 ：やねだん〈http://www.yanedan.com〉。

注 3 ：日本経済新聞「地域情報化の現場から」〈http://www.nikkei.co.jp/digitalcore/local/05/〉。

注 4 ：マネジメントの観点からは、Baker and Nelson (2005) が詳しい。

注 5 ：Susman and Evered (1978), p. 588.

注 6 ：同書, pp. 582-603.

注 7 ：総務省人材力活性化研究会〈http://www.soumu.go.jp/main_sosiki/kenkyu/jinzai/index.html〉。

注 8 ：吉田（1999）。

びソフト事業の実施状況に関する調査（平成23年度総務省調査）」。

注3　：総務省地域力創造グループ人材力活性化・連携交流室「大学教員との地域実践活動の現状について（平成23年度）」〈http://www.soumu.go.jp/main_content/000128052.pdf〉。

注4　：総務省「域学連携」地域づくり活動〈http://www.soumu.go.jp/main_sosiki/jichi_gyousei/c-gyousei/ikigakurenkei.html〉。

注5　：本事例の初出は、飯盛（2012）、飯盛義徳（2014f）。この内容に加筆修正し、最新の状況を追記した。

注6　：新上五島町〈http://official.shinkamigoto.net/〉。

注7　：岸本晃の住民ディレクターNEWS〈http://blog.goo.ne.jp/0811prism〉。

注8　：長崎地域力向上プロジェクトでは、原則として、活動期間は、1地域で最長2年間という決まりであった。

注9　：上五島チャンネル〈http://isagai.sfc.keio.ac.jp/kamigotoch/〉。

注10：長崎県「地域の強みを活かした地域力向上支援事業」〈http://www.pref.nagasaki.jp/town/sigen.html〉。

注11：あなたが見た上五島フォト・コンテスト〈https://www.facebook.com/anataga.photo〉。

注12：新！上五島チャンネル〈http://isagai.sfc.keio.ac.jp/kamigotoch/〉。

注13：本事例の初出は、飯盛（2012）、飯盛義徳（2014e）。この内容に加筆修正し、最新の状況を追記した。

注14：八女市〈http://www.city.yame.fukuoka.jp/〉。

注15：九州テレコム振興センター〈http://www.kyushu-telecom.or.jp/〉。

注16：FMピッカラ〈http://www.kisnet.or.jp/pikkara/〉。

注17：FM桐生〈http://www.kiryu.fm/〉。

注18：八女の和音〈http://www.kiai.gr.jp/yamegenki/〉。

注19：飯盛義徳研究室の西田みづ恵氏が2005年に立ち上げたVITA+が開発した、高校生などの若者を対象とした、独自開発の教材、カリキュラムを用いたケースメソッドワークショップ。自分で考えて行動できる力、人とつながる力を育み、未来の地域リーダーを育成することを目指している。

注 7 ：國領編（2011）、pp. 24-32。
注 8 ：同書、p.10。

■第 3 章
注 1 ：金井（1994）、pp. 78-91。
注 2 ：Simmel (1908).
注 3 ：例えば、Relph (1999).
注 4 ：van Gennep (1909).
注 5 ：Cohen (1985).
注 6 ：Lave and Wenger（1991).
注 7 ：Wenger (1998), p. 115.
注 8 ：残念ながら、所有者のご都合により、2013 年 10 月 26 日で、三田の家は惜しまれながら活動を終了した。
注 9 ：岩見沢駅の歴史については、Wikipedia を参照〈http://ja.wikipedia.org/wiki/ 岩見沢駅〉。
注 10：株式会社ワークビジョンズ〈http://www.workvisions.co.jp〉。
注 11：岩見沢レンガプロジェクト〈http://www.love-brick.com/blog/〉。
注 12：せいわの里 まめや〈http://www.ma.mctv.ne.jp/~mameya/〉。
注 13：まめやの Web サイト〈http://www.ma.mctv.ne.jp/~mameya/〉、まめや代表取締役の北川静子氏へのインタビューより。
注 14：本項の分析は、飯盛（2007a）、飯盛（2014a）を参照し、加筆修正した。
注 15：飯盛（2007a）。
注 16：飯盛（2007a）では、このように新しい情報をもたらし、事業推進を担う一般メンバーの塾生をサポーターと称して、一般メンバーと区別している。

■第 4 章
注 1 ：本項の初出は、飯盛（2012）。この内容を参照し、加筆修正を行った。
注 2 ：総務省地域力創造グループ過疎対策室「過疎地域における集落対策及

# 注

## ■第 1 章

注 1 ：資源化プロセスについては、飯盛（2011）が初出。この内容をベースに加筆修正を行い、事例などを追記した。

注 2 ：森岡（2008）。

注 3 ：NPO 法人砂浜美術館〈http://www.sunabi.com〉。

注 4 ：佐賀インターナショナルバルーンフェスタ〈http://www.sibf.jp〉。

注 5 ：同上。

注 6 ：企業組合ごめんシャモ研究会〈http://www.gomensyamo.com〉。

注 7 ：Granovetter (1973), pp. 1360-1380 など。

## ■第 2 章

注 1 ：國領編（2011）、p. 1。

注 2 ：資源化プロセスに直接的にふれるものではないものの、つながり、コミュニケーションの基盤となるプラットフォーム概念をわかりやすく説明するために鳳雛塾の事例を取り上げる。

注 3 ：鳳雛塾の事例については、飯盛（2005）、飯盛（2007a）、飯盛（2009）、國領・飯盛（2007）が初出。これらを参照しつつ、飯盛（2014）をまとめ、さらに、本節では詳細なプロセス、最新の状況を追記した。なお、ここで使用する「鳳雛塾」という名称が単独で記された場合は佐賀市の鳳雛塾に限定し、その他の地域の鳳雛塾とは区別する。

注 4 ：特定非営利活動法人 佐賀大学スーパーネット〈http://www.saga-sn.sblo.jp〉。

注 5 ：富山インターネット市民塾〈http://toyama.shiminjuku.com〉。

注 6 ：各地で開講された鳳雛塾は、1 年だけの暫定的なものもある。また、鳳雛塾という名前は使用していないが、鳳雛塾のモデルを参考にして、地元企業のケース教材を開発しディスカッション形式の授業を取り入れている地域もある。

**飯盛義徳**（いさがい よしのり）

慶應義塾大学総合政策学部教授 兼 政策・メディア研究科委員。博士（経営学）。

慶應義塾大学において、新事業創造やまちづくりなどに関する教育・研究・実践を展開。また、地域におけるビジネススクール「NPO 鳳雛塾」を設立し、現在、理事長を務める。

松下電器産業などを経て、1992 年に慶應義塾大学大学院経営管理研究科修士課程入学。1994 年、経営学修士(MBA)取得後、飯盛教材株式会社常務取締役、佐賀大学客員助教授。2002 年、慶應義塾大学大学院経営管理研究科博士課程入学。2005 年、慶應義塾大学環境情報学部専任講師に就任。2008 年、慶應義塾大学総合政策学部准教授を経て、現職。

主な著書に、『元気村はこう創る』（共編著、日本経済新聞出版社）、『社会イノベータ』（慶應義塾大学出版会）、『創発経営のプラットフォーム』（分担執筆、日本経済新聞出版会）、『慶應 SFC の起業家たち』（共著、慶應義塾大学出版会）などがある。

**地域づくりのプラットフォーム**
つながりをつくり、創発をうむ仕組みづくり

2015 年 5 月 1 日　第 1 版第 1 刷発行
2017 年 2 月 20 日　第 1 版第 3 刷発行

著　者………飯盛義徳
発行者………前田裕資
発行所………株式会社学芸出版社
京都市下京区木津屋橋通西洞院東入
電話 075 − 343 − 0811　〒 600 − 8216
装　丁………上野かおる
印　刷………オスカーヤマト印刷
製　本………新生製本


ISBN 978 − 4 − 7615 − 2590 − 3

# 付属資料
# (ケース教材)

慶應義塾大学湘南藤沢キャンパス

## みやじ豚
## 食のブランド戦略と
## ネットワークづくり

本ケース教材は、文部科学省「平成20年度 大学院教育改革支援プログラム」の助成金により、総合政策学部准教授 兼 政策・メディア研究科委員（当時）の飯盛義徳監修のもと、政策・メディア研究科修士課程（当時）の櫻井美穂子氏が作成した。この教材は、経営管理などに関する適切あるいは不適切な処理を例示することを意図したものではない。なお、作成にあたり、宮治勇輔氏から取材や資料提供に多大なるご協力をいただいた。ここに感謝したい。（2010年3月）

神奈川県藤沢市西北部の養豚場で、宮治勇輔氏は、これからの農業のあり方について思いをはせていた。今日本の農業を取り巻く環境は厳しい。担い手がいない。将来、日本国内で食料を生産する農家がいなくなってしまうかもしれない。日本の農業はどうしたら元気を取り戻せるのだろうか。農業は、どう変われば誰もがやってみたいと思うような職業になるのだろう。

「みやじ豚」――宮治氏の養豚場から出荷される、美味しいと評判の豚である。宮治氏は、実家の養豚業を継ぎ、わずか3年で知る人ぞ知る湘南のブランド豚を育てあげた。その過程では、流通プロセスの見直し、顔の見えるマーケティングによる直販の推進など、いくつかのイノベーションがあった。

実家を継ぐ前には、独学で農業について勉強した。どの本にも、農業が抱える一番の問題は、社会全体で後継者が不足していることと書いてあった。それは何故か。農業は楽しくない、つらい、生活していけるだけの収入を得られない――職業を選ぶ際、多くの若者が、そう感じているからだった。では、農業

を楽しくない、収入を得られない仕事にしている本質的な問題は何だろうか。宮治氏は、農家と消費者が切り離されている農業の仕組みそのものが原因なのではないかと考えていた。これこそが、農家が農業に「やりがい」を感じられない一番の理由なのではないかと。

農家と消費者との関係性を変化させ、農業を楽しく収入の得られる産業にしたい。そんなとき、「これからの一次産業を、かっこよくて・感動があって・稼げる3K産業にする!!」というキャッチフレーズが頭にひらめいた。その瞬間、宮治氏は実家を継ごうと決意した。

そして、実家を継いで3年余りが経った。宮治氏の数々の挑戦は実を結び、「みやじ豚」の販売は順調に推移していた。分断されていた農家と消費者をつなぎ顔の見える関係をつくりだすことが、ブランド豚を作り上げるために一定の効果があることを証明した。

自らの実践をもとに、これからの第一次産業活性化のために自分は何ができるだろうか。宮治氏は藤沢市西北部の牧歌的な風景を眺めながら次の手を考え続けていた。

### ●就農までの道のり

1978年、宮治氏は、養豚農家の長男として藤沢市に生まれた。地元の慶應義塾大学湘南藤沢キャンパスに通い、同大学卒業後は、株式会社パソナに入社。営業・企画・新規プロジェクトの立ち上げに携わり、東京・大阪勤務を経験した。学生時代から

起業を志していたため、仕事に就いた後も毎朝4時半から5時半には起床して経営の勉強などを続けていた。起業といっても何か分野が決まっていたわけではなく、ましてや実家の養豚業を継ぐつもりは全くなかったが、ある日、本屋で農業の本を手に取った。それが始まりだった。実家の養豚業と農業全体を取り巻く環境を知り、知れば知るほど、このままではどうしようもない産業になるのではないかという危機感が強くなっていった。そして、誰かが何とかしなければ、日本の農業はつぶれてしまうのではないかと考え出した。

宮治氏は、学生時代、仲間を集めて実家でバーベキューを開いたことがあった。友人たちは、「こんなに美味しい豚肉は食べたことがない」と口を揃えて言った。その言葉を聞いて初めて、自分の家で育てている豚は美味しいのだ、という実感を持った。通常、育てた豚は生きたまま出荷するため、生産者は事前に肉の味を確かめることができなかった。そのバーベキューの席で、友人の一人が、「この豚肉はどこに行けば買えるのか?」と聞いてきた。素朴で単純な質問だったが、宮治氏も、父親も、それに答えることができなかった。豚を生きたまま出荷させる生産農家には、手塩にかけて育てた豚がどこで流通し食されているのか、わからなかったのだ。

社会人時代、起業に向け勉強をしていた時に、この学生時代の記憶が思い出された。農業関連の本を読み進めるうちに、農作物の価格は一般的に相場と規格で決められていることを知った。どれだけ美味しいものを作っても味だけでは評価されない。

美味しくても美味しくなくても姿形、規格で評価される。そのため、形をよくするために、農薬などの化学物質を使うことさえあった。丹精込めて育てた豚は、生産者の名前が消され、地域ごとのラベルを張られて流通する。最終的にどこに出回って誰が食したのか全く分からない。つまり、生産農家にとっては、出荷した豚肉がスーパーなどの小売に並んだとしても、どれが自分の育てた豚なのか特定しようがない。結果として、仕事の一番のやりがいだと考えられる消費者の声を聞くことができない。このような農業の仕組みそのものに強い疑問を抱くようになった。そして、農業が抱える問題の本質は、農家と消費者が完全に切り離されていることだと確信した。

世間一般では農業の抱える最大の問題は後継者不足と言われるが、後継者が不足しているのではなく、後継者が魅力ややりがいを感じない、こういった農業の仕組みそのものが問題である。何とかしてこの問題を打破できないものだろうか、という強い思いが、宮治氏が農業の世界へ足を踏み入れるきっかけとなった。

約4年のサラリーマン生活を過ごした会社を2005年6月に退社。その1年後の2006年9月、実家の養豚業を継ぎ株式会社化。宮治氏は株式会社みやじ豚の代表取締役に就任した。時を同じくして、弟の大輔氏も養豚業を継ぐ決意を胸に実家に戻っていた。新しい一次産業の創造を目指す、兄弟二人三脚のスタートであった。

### ●藤沢市の概況[注1]

藤沢市は、神奈川県の中央南部に位置し、南は相模湾、北は相模原台地の丘陵に面する。市の南端には江ノ島があり、景勝地として藤沢のシンボルとなっていた。地域面積は 69.51 km$^2$、東京からの距離は 50 km ほど、人口は 40 万 6999 人、世帯数は 17 万 1605 世帯を有する[注2]。

中世には時宗総本山の藤沢山清浄光寺（通称：遊行寺）の門前町として、江戸時代には、東海道五十三次の 6 番目の宿場町としてにぎわいを見せ、江ノ島詣での足場としても栄えていた。明治以降は、農村地帯を中心として産業が発展し、1887 年の東海道本線開通により観光・文化面からの地域づくりが行われるようになった。

1960 年代に入ると、経済の高度成長を背景に市北部を中心に多くの工場を誘致し工業都市としての性格を強める一方で、1970 年代には各地に商業施設が進出し、市西部および北部地域の開発が進むにつれて多くの人々が移り住み、新しい市街地が次々と形成された。

藤沢市の農業は、農地の減少や後継者不足などの問題を抱えながらも、都市近郊農業のあり方を模索している段階だった。主な生産物には野菜、果樹、豚などがあり、湘南野菜としてブランド化を進めていた。また、明治時代から旧・高座郡一帯で養豚が盛んに行われており、「高座豚」としてその名が知られていた。高座豚は、成長が遅い、飼育が難しいなどの理由で一時期、幻の豚と言われていたものの、地元養豚業者たちによって

# 付属資料１：藤沢市農業の現況

| 農家戸数 | | | |
|---|---|---|---|
| 総数 | 内訳 | | |
| | 専業農家 | 兼業農家 | 自給的農家 |
| 1295 戸 | 278 戸 | 533 戸 | 484 戸 |

| 耕地面積 | | | |
|---|---|---|---|
| 合計 | 内訳 | | |
| | 田 | 畑（普通畑） | 畑（樹園地） |
| 982 ha | 148 ha | 701 ha | 133 ha |

| 農業産出額 | |
|---|---|
| 2006 年 | 農家１戸あたり農業産出額 |
| 51.5 億円 | 397 万円 |

| （耕種） | | | | | （億円） |
|---|---|---|---|---|---|
| 小計 | 内訳 | | | | |
| | 水稲 | 野菜 | 果実 | 花 | その他 |
| 35.8 | 1.4 | 25.1 | 3.4 | 3.9 | 0.9 |

| （畜産） | | | | （億円） |
|---|---|---|---|---|
| 小計 | 内訳 | | | |
| | 肉用牛 | 乳用牛 | 豚 | 鶏 |
| 15.8 | 0.9 | 6.1 | 8.7 | × |

（出所）2006 ～ 2007 神奈川農林統計年報。

イギリスから親豚を輸入して飼育の復活に成功した。現在も、高級ブランド豚として全国的に有名で、神奈川名産百選にも選ばれていた。

藤沢市内の農家戸数は1295戸となっており、その内訳は専業農家278戸、兼業農家533戸、自給的農家484戸であった。農業産出額は2006年で51.5億円であり、農家1戸あたりの産出額は397万円であった。種別では耕種が35.8億円、畜産が15.8億円であり、畜産のうち養豚は8.7億円の産出額、藤沢の農業産出額のおよそ17%を占め、野菜に次ぐ第2の産出部門となっていた（付属資料1：藤沢市農業の現況）。

## ●みやじ豚の特徴

みやじ豚の豚舎は、宮治氏の父親が約30年前に副業的に始めたもので、本業は、仲間と共同経営する種豚組合による大規模養豚であった[注3]。宮治氏が実家に戻る前の豚舎における飼養頭数は220頭、出荷頭数は450頭であった。豚の種類はランドレース（L）と大ヨークシャ（W）の母親にデュロック（D）を父親にした三元交配種（LWD）であり、日本の豚の大多数がこの交配で、一般的な品種と言えた。鹿児島県で多く飼育され一般に「黒豚」の名前で親しまれているものは、バークシャー（B）の純粋種である。純粋種はさまざまに交配され、多様な品種のもととなる。

一般的な品種のみやじ豚であるが、特徴的なのは「腹飼い」と呼ばれるその飼育法であった。腹飼いとは、同じ母親から生

まれた兄弟のみを、生後6か月の出荷まで同じ小屋で一緒に飼育する方法で、豚にストレスをかけずに飼育することが可能であった。通常、大きな養豚場では一つの小屋で20〜100頭と飼育法によりさまざまな頭数を飼育する。みやじ豚では10頭前後の兄弟だけを出荷まで一つの小屋で飼育していた。子豚は離乳まで25日前後を母豚と分娩舎で過ごし、離乳して生後2〜3か月になるまで離乳舎に、出荷までの3か月は肥育舎に入る。腹飼い方式では、豚は生まれてから豚舎を移るのは2回となるが、1頭の母豚が1度に出産する子豚は8〜12頭とばらつきがあるため、通常の飼育法では生産効率を上げるために他の母豚から生まれた子豚を同じ小屋に入れて飼育する。出荷されるまでの6か月で、多い養豚場では5〜6回入れ替えが行われていた[注4]。

豚は元来群れを強く意識する動物であるため、母親が異なる子豚が同居すると、絶えず縄張り争い（喧嘩）が起こり、豚にとってはストレスとなる。兄弟のみを一緒の小屋でゆったりと育てるという、ストレスの要因を取り除く飼育法にこだわることで、みやじ豚の旨みと評される「甘くて、コクがあって、もたれない」品質の豚が育つのであった。

一方、一般的には、豚の価格は味ではなく規格で決まるため、経営上の効率だけを考えれば、限られたスペースで規格に沿った豚をどれだけ多く育てられるかが重要であり、腹飼いを採用しない従来の飼育法は合理的といえた。日本の養豚農家1戸あたりの飼養頭数は1436頭であるが[注5]、宮治氏の養豚場では700

頭と、平均の半分にすぎなかった。年間出荷頭数は、1200～1300頭ほどだった。

もう一つのユニークな飼育法が餌だ。豚は、生まれてきたときの体重は1～1.5 kgほどで、生まれてから25日前後は母乳で、離乳数日前から離乳食を、その後穀物を増やし、大麦、とうもろこし、マイロ（穀物の一種）、大豆かすを中心とする餌を食べ、生後6か月ほどで110 kgにまで成長して出荷される。みやじ豚では麦類の配分の多い飼養を実施していた。腹飼いも飼養法も、もともとは宮治氏の父親がゆったりとしたスペースで高級な餌を使い道楽的に行っていたやり方だった。しかしこの方法が、確実に美味しい豚肉を育てる秘訣となっていたのだ。

### ●みやじ豚の販売モデル

宮治氏は、生産者が手塩にかけて育てた豚が、最終的にどこに出回って誰が食したのか全く分からないといった、農家と消費者が完全に切り離されている現状の農業のあり方に強い問題意識を持っていた。出荷して終わりでは、消費者の感想も聞くことができない。ましてや商品の値段も自分で決めることができない。自分は、「顔の見える」顧客に豚を売りたい。

独自の手法で飼育し安心・安全と味に絶対の自信を持っていた豚を、実家を継ぐと同時に「みやじ豚」と名づけて直接消費者に販売していくことにした。直販の一番のメリットは、販売価格を自らが決められる、という点だった。通常は、農作物の流通過程では生産者の名前は消されていた。農作物のブランド

(例えば鹿児島黒豚など)は、農家が集合して創り上げているものであり、「○○(どこ)の○○(だれ)が作ったもの」と表記した瞬間にブランドは崩壊する。生産者の名前を表記すると、銘柄ではなく生産者名で購入する消費者が出てくるため、銘柄の意味がなくなってしまう。宮治氏の養豚場から出荷される豚も、従来は加入する高座豚グループから規格に則った共通価格で一括販売されていた。自社の豚を、みやじ豚と名づけて自らが値段を設定して売り出す方法は、この点においても画期的だった。

野菜や卵などと異なり、養豚業者は豚(生産物)を生きたまま出荷するため、消費者に届ける過程で、加工会社に豚を卸し解体する必要がある。流通経路は、生産農家が一度農協などの組合に全量出荷してと畜場に搬送され、そこで枝肉になった豚肉が一次卸で骨抜き加工などされ各小売店に卸される流れになっていた(付属資料2:食肉流通図)。消費者からすると、「どこのだれが作った」豚かは当然分からなかった。そのため、定期的に農協などから入荷しているレストランなどの事業主は「日によって豚の味が違う」という不満を持っている人もいた。一括出荷する過程において、さまざまな養豚業者が飼育した、規格は同じだが味の異なる豚が混合する状況になっていたからだった。生産農家にとっては、全量出荷が売れ残りのリスクをなくしてくれる。出荷した時点で農家の仕事は終わりだった。

宮治氏が育てた豚をみやじ豚として流通させるためには、一括出荷から加工会社、小売店までの一方通行の流通経路に工夫

## 付属資料 2：食肉流通図

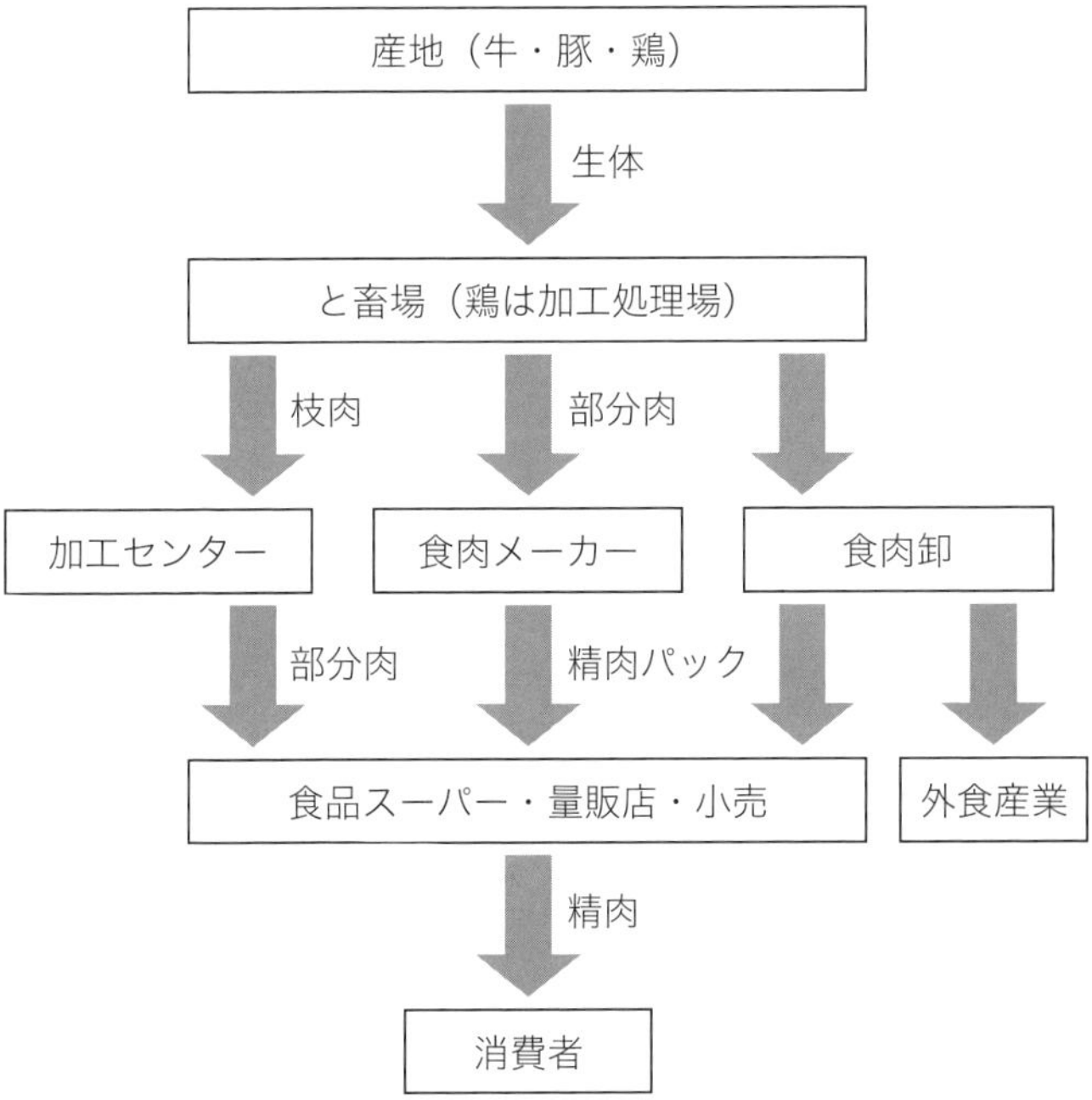


（出所）全国食肉事業協同組合連合会〈http://www.ajmic.or.jp/kumiai/kousei.html〉。

を加える必要があった。宮治氏は、それまで加入していた高座豚グループを脱退し、出荷した豚の一部をみやじ豚として一旦買い戻し販売することを条件に、農協へ加入した。農協は、株式会社を作る際には無料で行政手続きなどを行う。さらに、年間7万円の法人会員費を支払うだけで、決算業務まで請け負ってくれた。みやじ豚は、宮治氏が直接消費者と取引をして売っていく構想であり、一度問屋に卸した豚から、みやじ豚に注文があった分だけ仕入れなおし、オリジナルの流通ルートで販売する、という戦略をとった（付属資料3:みやじ豚販売モデル）。長く養豚業を営んできた父親からは、「そんな構想は夢物語、理想にすぎない」と一蹴されたが、宮治氏は断行した。

●販売価格

株式会社みやじ豚は、ひと月およそ100頭、年間1200〜1300頭を出荷していた。生後6か月に成長した豚を、週に2回、1回につき12〜13頭ほどを農協に出荷、農協がと畜場に運送する。出荷の際の1 kgあたりの値段は400円。1頭の豚から取れる枝肉は70〜80 kgで、1頭あたり約3万円の売上となる。出荷時には、運送費などをJAとと畜場に合わせて1頭につき4000円ほど支払う。

枝肉となり卸問屋まで流通した豚を、みやじ豚の注文分のみ買い戻す。直販の注文はWebサイト「みやじ豚.com」で受け付けた（付属資料4：みやじ豚.com）。みやじ豚.comでは、お試しセット・バーベキューセット・部位別オーダー・定期購入

## 付属資料3：みやじ豚販売モデル

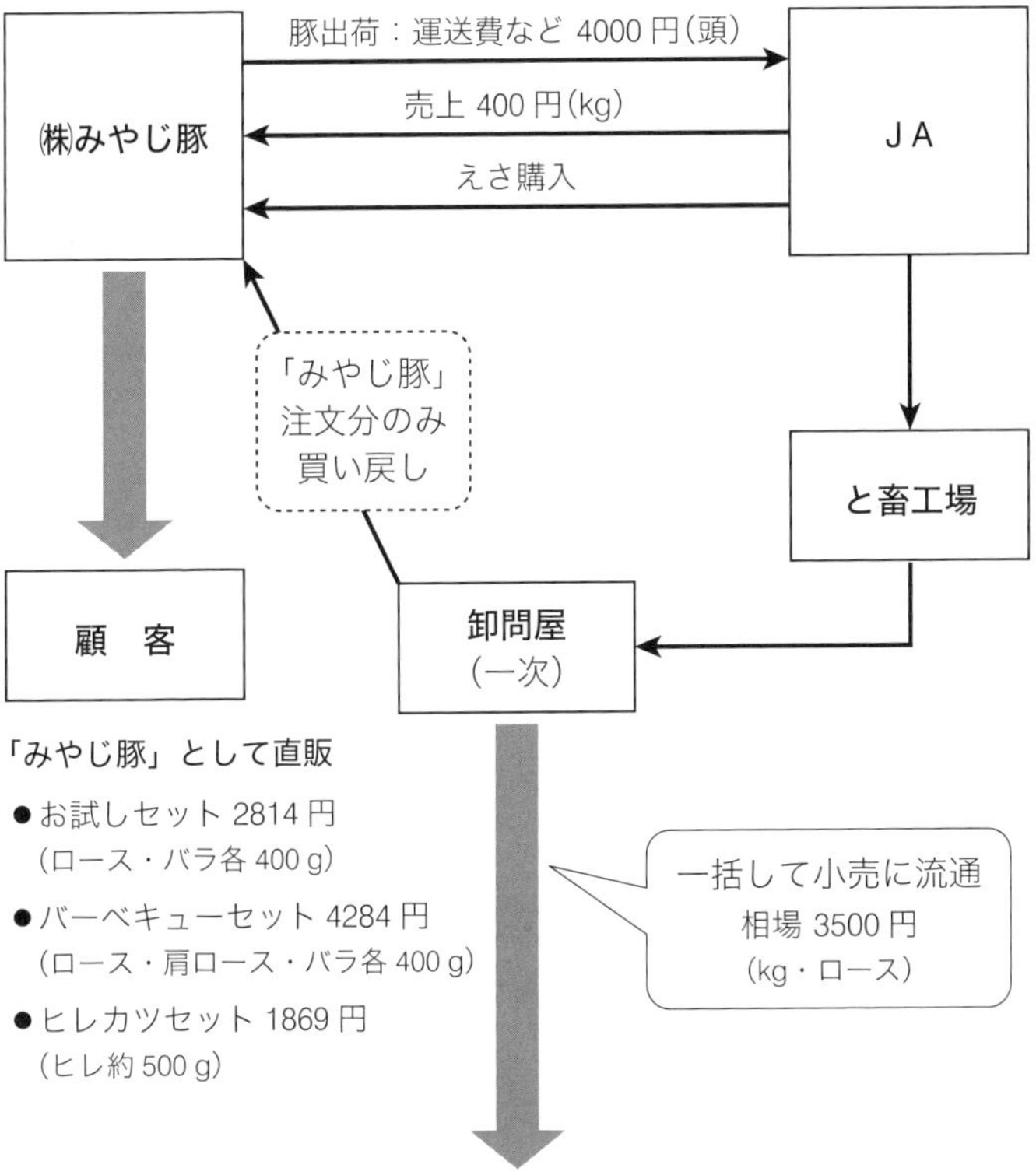


(出所) 宮治勇輔氏へのインタビューをもとに筆者作成。

# 付属資料 4：みやじ豚 .com

（出所）みやじ豚〈http://www. miyajibuta. com/〉。

(毎月) セット・定番レシピ用セットの5つのセットを用意して、お試しセットはロースとバラ肉の各400 gで2814円、バーベキューセットはロース・肩ロース・バラ肉の各400 gで4人分4284円、定番レシピ用のヒレカツセット（ヒレ約500 g）を1869円で販売していた。「みやじ豚.com」を利用する顧客は個人で、みやじ豚の顧客の1割を占めた。のこりの9割は定期的に購入してくれるレストランなどの法人となっていた。

一方、藤沢市にある大手スーパーでは、国産豚肉ロース（うす切り）は100 gあたり168円、国産バラ肉（うす切り）は188円、しゃぶしゃぶ用バラ肉は170円となっていた。㈳神奈川県養豚協会が認定する地域ブランド豚「かながわ夢ポーク」は、バラ肉（しゃぶしゃぶ用）が218円、ロース（しゃぶしゃぶ用）が298円、ロース（とんかつ用）が168円（全て100 gあたり）となっていた（2010年3月時点）。

買い戻しにあたっては、同意してくれる問屋を探すのに一苦労した。通常は、問屋は枝肉の骨を抜き加工した状態あるいは部分肉を各小売店に卸す。400 g単位から卸してくれる問屋はそうなかった。宮治氏は4軒に交渉し、協力してくれる問屋を見つけ出した。結果として、みやじ豚の販売価格が市場よりも高く、問屋にとっても経営上のメリットが生まれ、win-winの関係を構築することに成功した。

### ●直販を支えたバーベキュー

オリジナルの流通ルートを構築する上で重要な役割を果たし

たのが、バーベキューだった。

学生時代、実家で行ったバーベキューの経験から、バーベキューが、従来の豚肉の流通過程で農家の関与が抜け落ちていた出荷から消費者をつなぐ架け橋になるのではないかという期待を持っていた。会社を辞めた3か月後の2005年9月、大学時代や会社員時代の知り合い850人にメールで告知を行い、近所の果樹園を借りてバーベキューを開催した。顔の見える関係を構築するために、メール配信スタンドなどを利用せず、メールアドレスを自分で入力してデータベースを作成した。思惑は当たり、バーベキューは大成功だった。参加者は皆「こんな美味しい豚肉は食べたことがない」と感動していた。そして彼らが、それぞれの会社やコミュニティに戻ってみやじ豚の素晴らしさ、美味しさを口コミで広めてくれた。その口コミの波及先の中には、レストランのオーナーやメディアの記者なども含まれており、「みやじ豚を食べてみたい」「取材をさせてほしい」といった依頼がひっきりなしに来るようになった。そしてあっという間に知名度が上がり、直販の顧客が増えた。

その後、藤沢市で毎月1回バーベキューを開催し、近況報告のメールニュースを配信し続けた。バーベキュー開催はメールマガジンとみやじ豚.comで告知した。参加者は、2006年度にはおよそ900人を集め、2007年度は1000人を超えた。今では1回あたり100人近くが参加するまでになった。メールニュースの配信者数は、2009年7月時点では7000人、2010年1月には9000人にまで膨らんだ。顧客は、自然に増えていった。

参加費は、大人 4000 円、学生 3500 円（子どもは無料）であり、みやじ豚の食べ放題はもちろんのこと、ビールやワインといったアルコール類、地場野菜と地元の米で炊いたご飯を用意。6 mm の厚さに切った豚肉を、炭火の超強力遠赤外線で焼いて塩・コショウだけで食べるスタイルをとっている。1 人あたり約 400 g 用意する肉は毎回全てがなくなる。

参加者は、東京都内や埼玉・千葉などからわざわざ藤沢市の北部まで足を運ぶ。小田急江ノ島線の最寄り駅である湘南台駅からはバスでないとたどり着けず、交通の便は悪いものの、20 〜 30 代の小グループ（参加者の比率として最も多い）、30 代の若い子連れの家族、40 〜 50 代の家族連れなどが大勢バーベキューに訪れる。地元からの参加者は多くはない。「テレビで見て興味を持って来た」という人など、もともと宮治氏とは知り合いではない人々が訪れることも多く、口コミやパブリシティの効果が集客に如実に現れていた。

### ●直販比率の向上

宮治氏は、バーベキューを通して、消費者と農家との「顔の見える関係」を作り出した。こういった取り組みは、従来一括出荷して行方知らずとなっていた自分たちの豚を、「みやじ豚」として消費者に買ってもらうことにつながった。一括出荷して終わりだった従来のやり方よりも、利益率が断然高くなっていた。食の安全を揺るがす事件が国内外で多発した 2008 年には、事件の大きさと比例するかのように直販への注文も増えた。飼

料代・燃料代の値上げが続き、養豚業を取り巻く経営環境が厳しさを増す中で、みやじ豚では生産部門の赤字を直販で補っていた。生産部門のみを行う他の養豚業者には、経営の厳しさから養豚を廃業する人もいた。

売上は、株式会社化した2006年9月から2007年8月までの第一期で約4000万円、2007年9月から2008年8月までの第二期で約6800万円であった。2006年以前は約1500万円だった。売上に占める各部門の割合は、第一期は通常の豚生産が3000万円（売上の約75%）、みやじ豚の販売で550万円（同14%）、バーベキューが400万円（同10%）だった。第二期は飼養頭数が220頭から700頭に増えた時期でもあったが、通常の豚生産が4000万円(59%)となり、みやじ豚の販売が前期の4倍の2300万円（34%)、バーベキューが500万円（7%）となった（付属資料5：みやじ豚売上内訳)。

2006年の株式会社化から3年が経った。腹飼いという飼育法にこだわり、徹底的に味を追求した宮治氏の経営手法では、年間の飼育頭数が全国平均の半分にしかならないため、生産部門に比べ高い利益を得ることができる直販の比率拡大が、増収増益に大きく貢献することになった。逆にいえば、生産部門では収益が立たないところを、みやじ豚の販売収入で補っていた。宮治氏は、年々増加している直販比率を上げていき、最終的には100%になれば良いと考えていた。今までやってきたように、バーベキューを地道にこなし、メディアのパブリシティなどを活用しながら、自然に口コミで顧客が増えてくれるのが理想だ

## 付属資料 5：みやじ豚売上内訳

**第 1 期（2006 年 9 月～ 2007 年 8 月）**

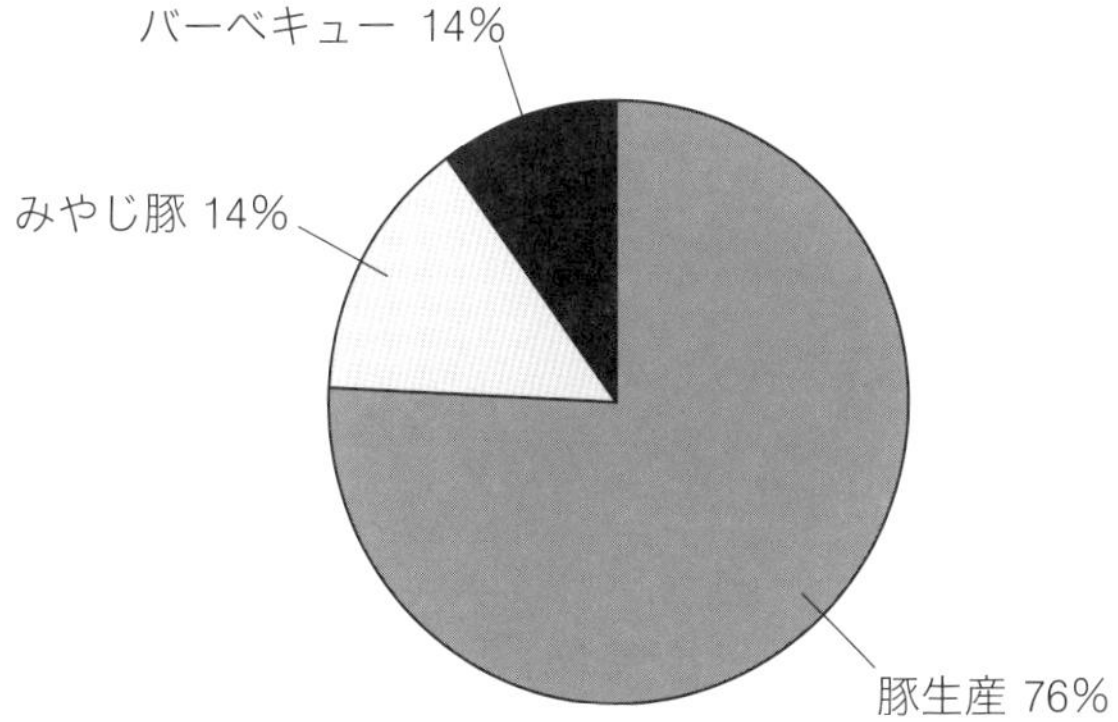


**第 2 期（2007 年 9 月～ 2008 年 8 月）**

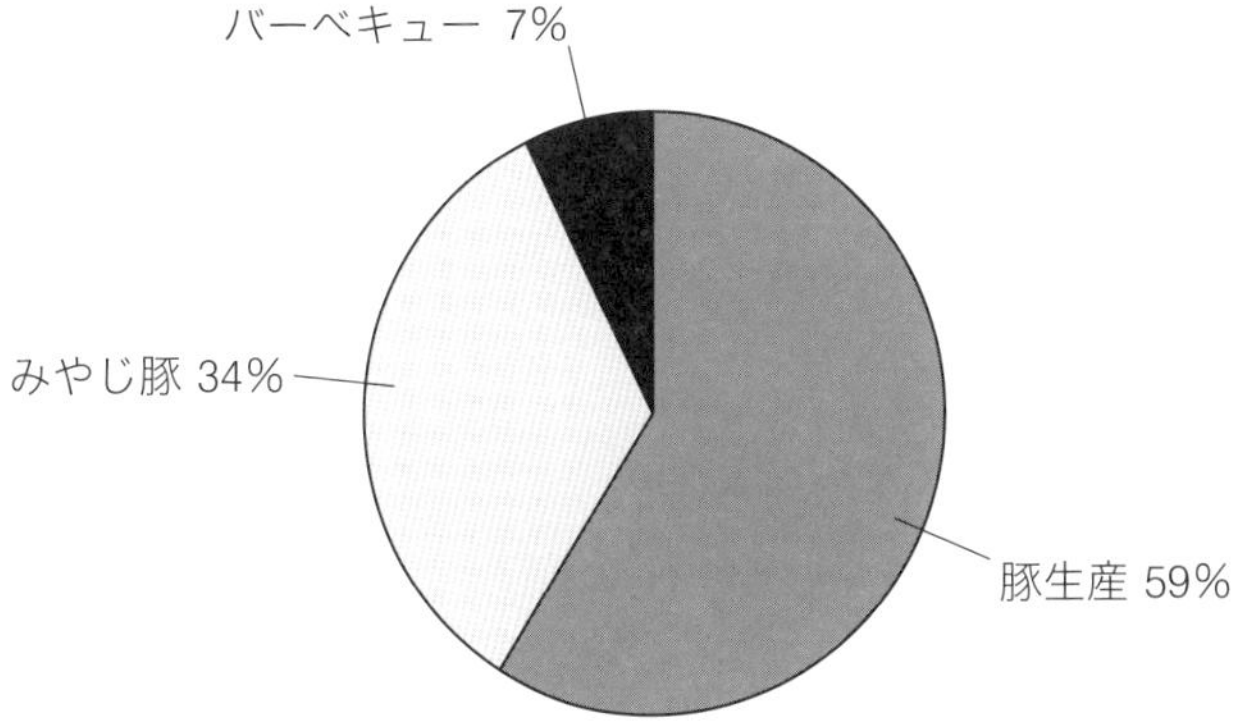


（出所）宮治勇輔氏へのインタビューをもとに筆者作成。

と思っていた。飼養頭数も経営規模も今以上に増やすつもりはなかった。2006年の株式会社化も、バーベキューやメールニュースの反響が思いのほか大きかったための選択であり、もともと株式会社にしよう、という気持ちを持っていたわけではなかった。

宮治氏にとって最も大切なことは、丁寧に育てた美味しい豚を、「顔の見える」人に買ってもらうことだった。

直販100%への課題としては、現時点で直販していないロースやバラ肉以外の部位、枝肉の4割を占めるもも肉や腕肉の販売があった。これができれば更なる収入源になると期待していた。通常もも肉は生ハムに、腕肉はポークジャーキーなどに加工して販売する。ポークジャーキーの生産は実験的に行っているが、まだ販売はしていなかった。腕肉は豚1頭から約11 kgとれる。問屋からキロあたり850～900円で買い戻し、キロあたり5500円の加工賃をかけてポークジャーキーにする。それを1パック30 gで600～700円で売る計画が頭にあった。現状は他の業務に忙しく手が回っていないが、このような手法で1頭丸々の直販が可能となる。

## ●日本の農業・養豚経営の概況

日本国内の農家の数は約299万戸で、農業就業者の4割が70歳以上、6割は65歳以上の高齢者だった[注6]（付属資料6：年齢別農業就業人口）。主業農家[注7]はそのうちの99万戸、この10年の間に年7万戸ペースでおよそ70万戸の農家が減少し、また東京都

## 付属資料 6：年齢別農業就業人口

| 区分 | 計 | 39 歳以下 | 40 ～ 49 | 50 ～ 59 | 60 ～ 64 | 65 ～ 69 | 70 歳以上 |
|---|---|---|---|---|---|---|---|
| 販売農家（万人） | 298.6 | 25.4 | 19.3 | 44.0 | 29.6 | 40.6 | 139.7 |
| うち主業農家（万人） | 98.8 | 12.8 | 12.3 | 26.8 | 15.4 | 8.7 | 22.8 |
| 主業農家の割合（%） | 33.1 | 50.4 | 63.7 | 60.9 | 52.0 | 21.4 | 16.3 |
| 構成比（販売農家） | 100.0 | 8.5 | 6.5 | 14.7 | 9.9 | 13.6 | 46.8 |
| 構成比（主業農家） | 100.0 | 13.0 | 12.4 | 27.1 | 15.6 | 8.8 | 23.1 |

（出所）農林水産省「平成 20 年度農業構造動態調査」をもとに作成。

## 付属資料 7：年次別農業総産出額（単位：億円）

| 年次 | 総産出額 | 米 | 野菜 | 肉用牛 | 乳用牛 | （生乳） | 豚 | 鶏 | （鶏卵） |
|---|---|---|---|---|---|---|---|---|---|
| 1989 | 11 0526 | 3 2266 | 2 3218 | 5737 | 9129 | 7546 | 6411 | 7843 | 4038 |
| 1990 | 11 4927 | 3 1959 | 2 5880 | 5981 | 9055 | 7634 | 6314 | 8622 | 4778 |
| 1991 | 11 4869 | 2 9219 | 2 8005 | 5834 | 8949 | 7760 | 6432 | 8862 | 5066 |
| 1992 | 11 2418 | 3 3889 | 2 4607 | 5494 | 8623 | 7578 | 6293 | 7183 | 3711 |
| 1993 | 10 4472 | 2 8359 | 2 6545 | 4931 | 8367 | 7472 | 5676 | 6883 | 3590 |
| 1994 | 11 3103 | 3 8249 | 2 5088 | 4710 | 7896 | 7122 | 5360 | 6866 | 3780 |
| 1995 | 10 4498 | 3 1861 | 2 3978 | 4494 | 7917 | 7014 | 5059 | 7011 | 4096 |
| 1996 | 10 3166 | 3 0540 | 2 2986 | 4310 | 8016 | 7082 | 5418 | 7527 | 4655 |
| 1997 | 9 9113 | 2 7792 | 2 3090 | 4533 | 7942 | 7043 | 5249 | 7443 | 4638 |
| 1998 | 9 9264 | 2 5148 | 2 5953 | 4464 | 7850 | 7012 | 4929 | 6728 | 3996 |
| 1999 | 9 3638 | 2 3761 | 2 2395 | 4400 | 7707 | 6879 | 4802 | 7050 | 4237 |
| 2000 | 9 1295 | 2 3210 | 2 1139 | 4564 | 7675 | 6822 | 4616 | 7023 | 4247 |
| 2001 | 8 8813 | 2 2284 | 2 1188 | 4369 | 7721 | 6758 | 5007 | 6349 | 3862 |
| 2002 | 8 9297 | 2 1720 | 2 1514 | 4662 | 7779 | 6836 | 5168 | 6532 | 3944 |
| 2003 | 8 8565 | 2 3416 | 2 0970 | 4001 | 7978 | 6942 | 4671 | 6015 | 3454 |
| 2004 | 8 7136 | 1 9910 | 2 1427 | 4455 | 7958 | 6875 | 5186 | 6354 | 3866 |
| 2005 | 8 5119 | 1 9469 | 2 0327 | 4730 | 7834 | 6759 | 4987 | 6889 | 4346 |
| 2006 | 8 3322 | 1 8147 | 2 0508 | 4781 | 7483 | 6486 | 4980 | 6583 | 4010 |
| 2007 | 8 2585 | 1 7903 | 2 0893 | 4847 | 7311 | 6363 | 5233 | 6755 | 4019 |
| 2008 | 8 4736 | 1 9014 | 2 1105 | 4591 | 7480 | 6598 | 5786 | 7444 | 4501 |

（出所）農林水産省「平成 20 年農業総産出額（概算）（全国）」をもとに作成。

の面積の1.5倍相当の農地がなくなっていた。39歳以下の就農者数は、新規就農者の7人に1人という状況であった。農家の平均年齢は64.2歳となっていた。増加分を除いて単純計算をすると、今後40～50年の間に農家数はゼロになる見込みだった[注8]。

2008年の農業総産出額[注9]は8兆4736億円で、ピーク時（1990年）の11兆4927億円から18年で3兆191億円、26％減少した。2008年の総産出額の部門別構成割合は、畜産が2兆5882億円、全体の30％を占めトップで、野菜が2兆1105億円（同25％）で2位、3位は1兆9014億円（同22％）の米となっていた。畜産における豚肉産出額は5786億円、総額のピークだった1990年は6314億円で、下落傾向にあるものの大幅な減少ではなかった。畜産の産出額減少に大きく寄与しているのは乳用牛の産出減であり、総産出額の大幅減は米の減少が背景にあった（付属資料7：年次別農業総産出額）。

豚の飼養戸数は6890戸（2009年7月）、飼養頭数は989万9000頭となっていた。時系列では飼養頭数は横ばいであるものの、飼養戸数が減少傾向にあり、1戸あたりの飼養頭数が増加しているという現状であった（付属資料8：豚の飼養戸数・頭数）。

養豚経営の1戸あたり農業粗収益は、2008年度、5946万円で、農業経営費が5191万円（同）、農業所得は755万円（同）であった。飼養頭数規模別では、300～1000頭で粗収益4134万円、経営費3594万円、所得540万円。1000～2000頭になると粗収益1億243万円、経営費8773万円、所得1470万円とおよそ3

## 付属資料 8：豚の飼養戸数・頭数

| 年次 | 飼養戸数（戸） | 飼養頭数（万頭） | 1 戸あたり飼養頭数（頭） |
|---|---|---|---|
| 2000 | 1 1700 | 981 | 838 |
| 2001 | 1 0800 | 979 | 906 |
| 2002 | 1 0000 | 961 | 961 |
| 2003 | 9430 | 973 | 1031 |
| 2004 | 8880 | 972 | 1095 |
| 2005 | 農林業センサス実施年のため調査中止 | | |
| 2006 | 7800 | 962 | 1233 |
| 2007 | 7550 | 976 | 1292 |
| 2008 | 7230 | 975 | 1347 |
| 2009（概数） | 6890 | 990 | 1436 |

（出所）農林水産省統計部「畜産統計」をもとに作成。

## 付属資料 9：養豚経営収支

（単位：万円）

| | | | 粗収益 | 経営費 | 所得 |
|---|---|---|---|---|---|
| 経営全体 | 2008 年 | (n ＝ 98) | 5946 | 5191 | 755 |
| | 2007 年 | (n ＝ 185) | 5009 | 4162 | 848 |
| 飼養頭数別 | 300 頭未満 | (n ＝ 19) | 1489 | 1303 | 186 |
| | 300 ～ 1000 頭 | (n ＝ 37) | 4134 | 3594 | 541 |
| | 1000 ～ 2000 頭 | (n ＝ 30) | 1 0243 | 8773 | 1470 |
| | 2000 頭以上 | (n ＝ 10) | 1 6769 | 1 4867 | 1901 |

※ 3000 頭以上が 2 軒あるがデータ記載なし。

（出所）農林水産省「平成 20 年個別経営の営農類型別経営統計（全国）」。

## 付属資料10：豚枝肉取引規格

| 等級 | | 極上 | 上 | 中 | 並 |
|---|---|---|---|---|---|
| 重量及び背脂肪の厚さの範囲（半丸） | | 皮はぎ 35kg 以上 39kg 以下<br>湯はぎ 38kg 以上 42kg 以下 | 皮はぎ 32.5kg 以上 40kg 以下<br>湯はぎ 35.5kg 以上 43kg 以下 | 皮はぎ 30kg 以上 42.5kg 以下<br>湯はぎ 33kg 以上 45.5kg 以下 | 皮はぎ 30kg 未満 42.5kg 超過<br>湯はぎ 33kg 未満 45.5kg 超過 |
| 外観 | 均称 | 長さ、広さが適当で厚く、もも、ロース、ばら、かたの各部がよく充実して、釣合の特に良いもの | 長さ、広さが適当で厚く、もも、ロース、ばら、かたの各部が充実して、釣合の良いもの | 長さ、広さ、厚さ、全体の形、各部の釣合において、いずれにも優れたところがなく、また大きな欠点のないもの | 全体の形、各部の釣合ともに欠点の多いもの |
| | 肉づき | 厚く、なめらかで肉づきが特に良く、枝肉に対する赤肉の割合が脂肪と骨よりも多いもの | 厚く、なめらかで肉づきが良く、枝肉に対する赤肉の割合がおおむね脂肪と骨よりも多いもの | 特に優れたところもなく、赤肉の発達も普通で、大きな欠点のないもの | 薄く、付着状態が悪く、赤肉の割合が劣っているもの |
| | 脂肪付着 | 背脂肪及び腹部脂肪の付着が適度のもの | 背脂肪及び腹部脂肪の付着が適度のもの | 背脂肪及び腹部脂肪の付着に大きな欠点のないもの | 背脂肪及び腹部脂肪の付着に欠点のあるもの |
| | 仕上げ | 放血が十分で、疾病などによる損傷がなく、取扱の不適による汚染、損傷などの欠点のないもの | 放血が十分で、疾病などによる損傷がなく、取扱の不適による汚染、損傷などの欠点のほとんどないもの | 放血普通で、疾病などによる損傷が少なく、取扱の不適による汚染、損傷などの大きな欠点のないもの | 放血がやや不十分で、多少の損傷があり、取扱の不適による汚染などの欠点の認められるもの |
| 肉質 | 肉の締まり及びきめ | 締まりは特に良く、きめが細かいもの | 締まりは良く、きめが細かいもの | 締まり、きめともに大きな欠点のないもの | 締まり、きめともに欠点のあるもの |
| | 肉の色沢 | 肉色は、淡灰紅色で、鮮明であり、光沢の良いもの | 肉色は淡灰紅色またはそれに近く、鮮明で光沢の良いもの | 肉色、光沢ともに特に大きな欠点のないもの | 肉色かなり濃いか過度に淡く、光沢の良くないもの |
| | 脂肪の色沢と質 | 色白く、光沢があり、締まり、粘りともに特に良いもの | 色白く、光沢があり、締まり、粘りともに良いもの | 色沢普通のもので、締まり、粘りともに大きな欠点のないもの | やや異色があり、光沢も不十分で、締まり粘りともに十分でないもの |
| | 脂肪の沈着 | 適度のもの | 適度のもの | 普通のもの | 過少か又は過多のもの |

（出所）㈳日本食肉格付協会「豚枝肉取引規格の概要」をもとに作成〈http://www.jmga.or.jp/〉。

倍に、2000頭以上の大規模農家では粗収益1億6769万円、経営費1億4867万円、所得1901万円となっていた（付属資料9：養豚経営収支）。

豚枝肉の卸売価格は、厳密に定められた規格によって決まっていた（付属資料10：豚枝肉取引規格）。この規格とは豚あるいは肉の姿形を見るものであり、例えばロースであれば薄い部分が1.5～2.1cmにおさまる豚が上物とされた。

豚1頭あたりの生産コスト[注10]は3万5134円（2008年）で、そのうち飼料費が67.4%（2万3685円）を、労働費（賃金）が12.5%（4393円）を占めていた（付属資料11：肥育豚生産費）。飼料費は前年比6.3%増となっていた。1頭あたりの粗収益は、3万4690円（2008年）だった。

**●「農家のこせがれネットワーク」の設立**

株式会社みやじ豚は自然に顧客の輪を広げ、売り上げが順調に伸びていた。これから規模を拡大していく、という選択肢もあった。2008年にはベンチャーキャピタルが5社ほど会社を訪れ、規模拡大のための投資の話を持ちかけてきたが、宮治氏は断った。

それよりも、日本の農業を「かっこよくて・感動があって・稼げる」3K産業にしたい――。その思いがつのり、農業の承継をせずに都会で働く農家の子供たちに「実家に帰って農業を継ごう」と呼びかけ、サポートする運動をしようと決めた。2009年3月7日、同志とともにNPO法人「農家のこせがれネット

## 付属資料 11：肥育豚生産費

1 頭あたり生産費構成割合（合計 3 万 5134 円）

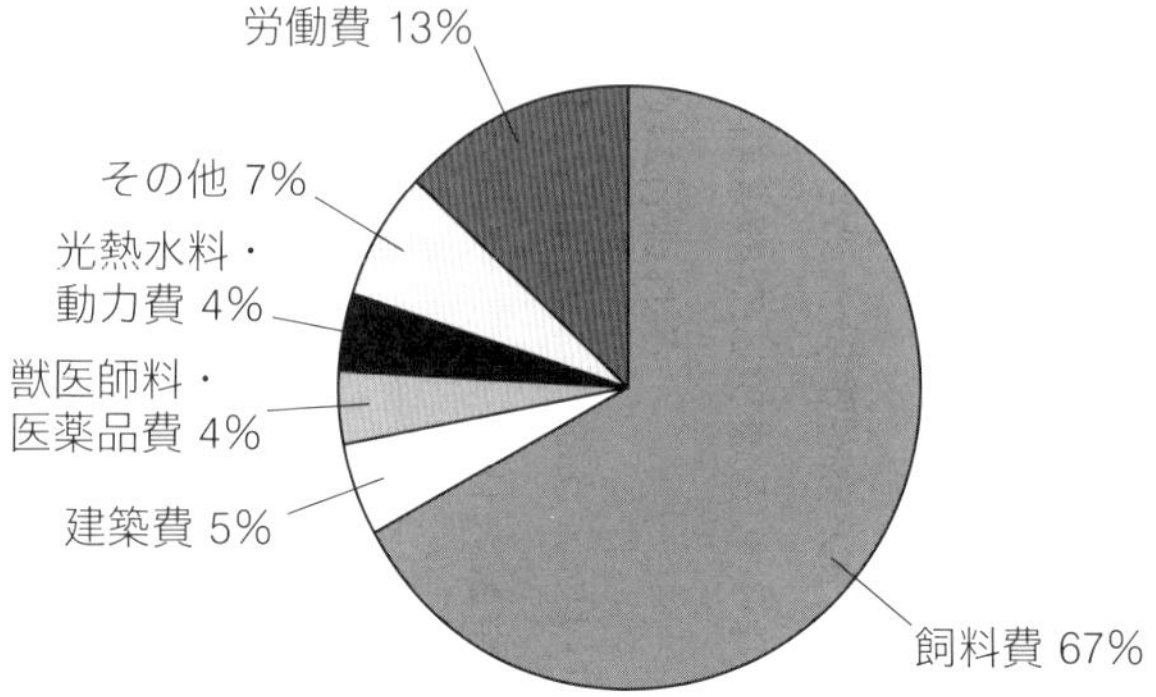


（出所）農林水産省「平成 20 年度肥育豚生産費」。

## 付属資料 12：農家のこせがれネットワーク概要

六本木を中心に農家と農家のこせがれのためのプラットフォームを構築。
人と人との出会いを創造して、全国のネットワークづくりを推進。

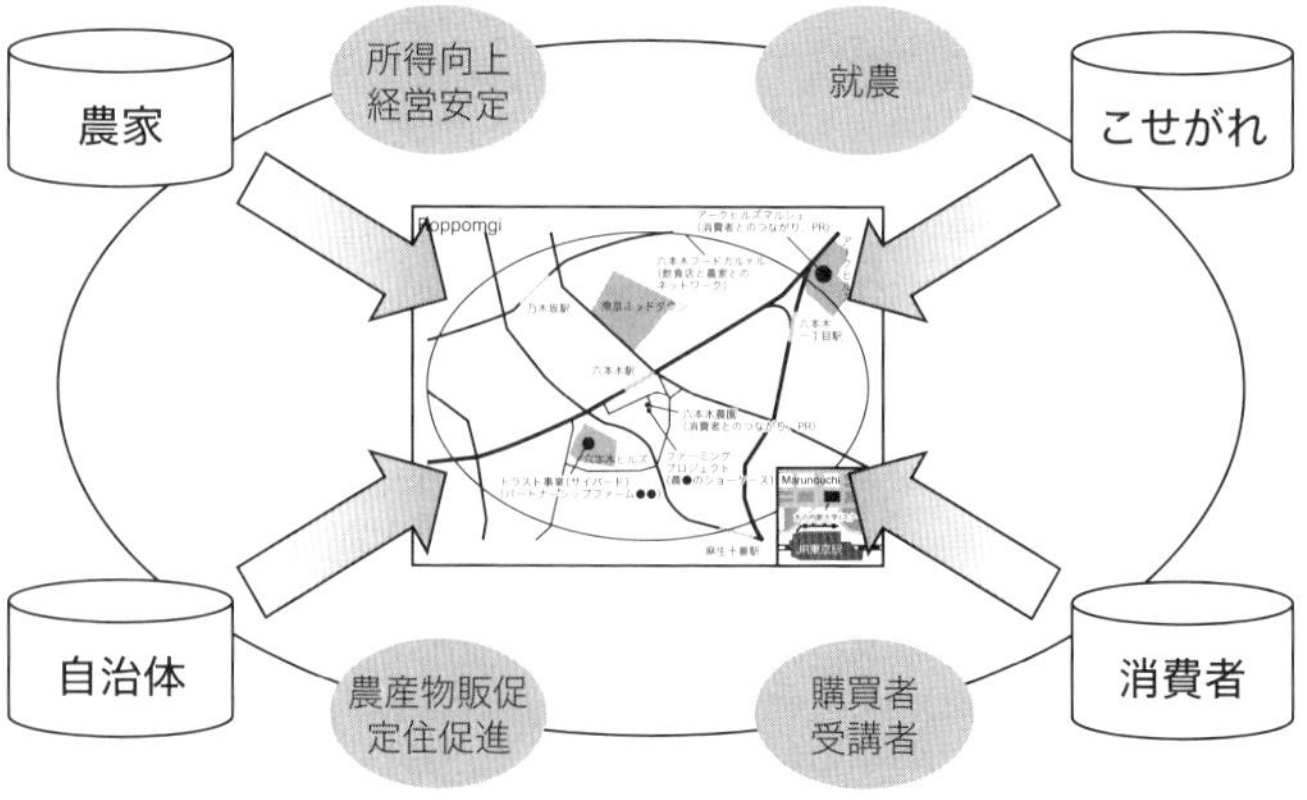


（出所）宮治勇輔氏提供資料（2010 年 2 月 22 日）。

ワーク」設立発表会を開催した。設立にあたり1290人の発起人を集め、会場には200人の参加者と30社のメディアが訪れ、大々的に報道された。

農家のこせがれネットワークでは、就農のハードルを下げ新しいチャレンジができる場を用意することで、就農への初めの一歩を踏み出せず迷いを抱えた農家のこせがれたちを実家に戻すことが目的となった。六本木を地理的中心におき、農業実験レストラン『六本木農園』でのマルシェイベントなどを通し、人をつなげ全国のネットワークづくりを促進したかった（付属資料12：農家のこせがれネットワーク概要）。

設立から1年をむかえ、農家のこせがれネットワークには日本の農業を変えていこうという意思を持った若い力が集まってきた。こういった人と人とのつながりや六本木という地理的プラットフォームを活用し、そこに集う個々人が刺激し合い議論する。同ネットワークが、人と人をつなげ、新しい農業の形を考える場になってほしい。宮治氏は、「実家に戻ったこせがれが成長して農業経営者になるのもよい。地域の農業プロデューサー的な存在となり、農業を起点として、地域の人を巻き込みながら新しい産業を創出することもあるかもしれない。地域を元気にできるような人材が日本全国に誕生していくような広がりになっていけば」[注11]と、農家のこせがれネットワークの将来像をイメージしていた。

宮治氏自身が就農してからまもなく4年が経つ。自身の実践をもとに、いかに多くの人を巻き込みこれからの農業を担う人

材を増やしていけるのか。そして、地域の活性化につなげていけるのか、全ては始まったばかりだった。

## 設問（案）

- みやじ豚では、なぜこのようなイノベーションが実現したと考えますか？
- 今後の経営政策上の課題は何ですか？
- 農家のこせがれネットワークを広げていくにはどのような方策を検討すべきですか？

〈注〉

注1 ：藤沢市ホームページ〈http://www.city.fujisawa.kanagawa.jp/〉を参照。
注2 ：平成17年国勢調査を基準とした2009年7月現在の推計人口。
注3 ：『月刊ガバナンス』ぎょうせい、2007年11月号。
注4 ：ウェブマガジン「ロハスサン」2008.1.10付〈http://www.lohas.co.jp/imperceptibly/meister/archives/2008/01/10/173325.php〉参照。
注5 ：農林水産省統計部『畜産統計』平成21年（概数）のデータ。
注6 ：平成20年度農業構造動態調査より。
注7 ：農家所得の過半が農業で、65歳未満、農業従事60日以上の者がいる農家。
注8 ：農林水産省統計情報〈http://www.maff.go.jp/j/tokei/index.htm〉より。以下数値データは全て同統計情報から。
注9 ：農業総産出額：品目別生産数量×品目別農家庭先販売価格。
注10：生産コスト：飼料などの物財費＋労働費。
注11：2010年2月25日付「生産性新聞」より。

〈参考・引用資料〉


・NIKKEI NET Living style〈http://sumai.nikkei.co.jp/style/kurashi/46a_1.cfm〉。
・REFARM by　農家のこせがれネットワーク〈http://re-farm.jp/〉。
・ウェブマガジン「ロハスサン」〈http://www.lohas.co.jp/imperceptibly/meister/archives/2008/01/10/173325.php〉。
・『月刊ガバナンス』ぎょうせい、2007年11月号。
・湘南スタイル「特集：湘南と農業」〈http://www.shonan-style.jp/0ld_data/contents-nogyo/nokasan/miyaji/miyaji.html〉。
・「生産性新聞」2010年2月25日付。
・全国食肉事業協同組合連合会〈http://www.ajmic.or.jp/kumiai/kousei.html〉。
・「日経産業新聞」2008年2月22日付。
・日経トップリーダーonline「THE　ニッポンの社長」2008年6月2日付〈http://nvc.nikkeibp.co.jp/〉。
・『日経ビジネスアソシエ』日経BP、2008年7月1日号。
・「日本経済新聞」2009年5月25日付。
・農林水産省統計情報〈http://www.maff.go.jp/j/tokei/index.html〉。
・藤沢市ホームページ〈http://www.city.fujisawa.kanagawa.jp/〉。
・みやじ豚.com〈http://www.miyajibuta.com/〉。